다정하고 단단하게 자랄

------------------------에게

마
음
챙
김
대
화

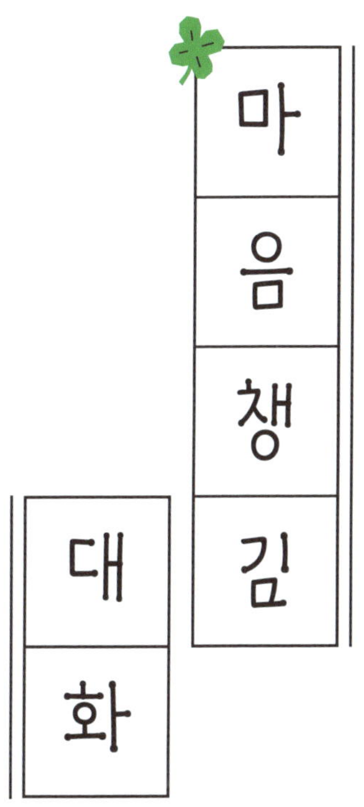

정흥수(흥버튼) 지음

블랙피쉬
Black Fish

차례

1장

좋은 친구를
만드는 대화법

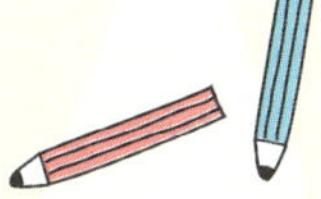

1장

좋은 친구를
만드는 대화법

새로운 친구를
사귀는 대화법

학교에서 새로운 친구에게 말을 건넵니다.

나   너는 어디 살아?

친구   근처.

나   공부는 잘해?

친구   어느 정도.

나   너는 언니나 오빠 있어?

친구   응.

나   그래? 나는 혼자인데.

친구한테 용기를 내서 말을 걸었지만, 짧은 대답만 할 뿐 돌아오는 질문이 없어요. 친구는 표정도 밝지 않고, 내 얼굴도 보지 않아요. '나랑 대화하기 싫은가?', '내가 말을 거는 게 불편한가?' 순식간에 민망해져요. 더는 말을 걸지 않고 나도 가만히 있어요. 시간이 조금 지나니까 친구가 미워요. 나는 친해지려고 노력하는데, 그것도 몰라주고 쌀쌀맞게 대하다니. 원래 성격이 안 좋은가, 하는 생각도 듭니다. 어떻게 말을 건네야 새 친구와 대화가 편하게 흘러갈까요?

친구는 그저 낯설어하는 중이다

친구의 표정이 밝지 않은 건 나와는 상관없이 상황이 낯설어서 그래요. 낯선 환경에서 긴장하는 사람이 많아요. 어른도 그렇습니다. 다만 긴장할 때 나타나는 반응은 사람마다 다른데요. 어떤 사람은 누가 봐도 긴장해서 어쩔 줄 몰라 해요. 겉으로도 티가 나지요. 어떤 사람은 겉으로는 웃고 있어서 티가 나지 않아요. 그런데 속으로는 낯설어서 불편해해요. 다만 티가 나지 않는 이유는 자신이 낯설어하면 상대방이 불편할 수 있다는 것을 알아서 웃는 법을 훈련했기 때문인지도 모릅니다.

대부분은 긴장하면 딱딱하게 굳어요. 표정이 사라지고, 몸짓도 어색해지죠. 이렇게 무표정한 얼굴을 보면 말을 건넨 사람은 자기 때문인가 생각하는데요. 앞으로는 나와 연관 짓지 않아도 괜찮아요. 상대방은 나와는 무관하게 긴장해서 굳어진 거니까요. 내가 말을 잘못해서 친구의 표정이 차갑거나, 내가 귀찮아서 대답을 짧게 하거나 질문을 안 하는 게 아니에요. 낯선 사람과 대화할 때 적절한 말이 무엇인지 잘 모르고, 처음 보는 친구와 친해지는 법에 서툰 것입니다.

'나'와 '너'를 구분해서 바라보기

대화할 때 친구의 표정에 연연하지 않아도 괜찮습니다. 나로 인해 친구가 저런 표정을 짓는다는 생각을 멈추는 거예요. 이건 내 중심으로 친구를 바라봐서 드는 생각이에요. 무슨 이야기냐면, 가령 내가 무표정을 짓는 건 마음이 내키지 않을 때지만, 다른 사람은 평온하게 쉴 때 무표정해지기도 해요. 누군가는 기분 좋을 때 박장대소를 하지만, 다른 누군가는 가볍게 미소만 짓기도 해요. 그러니 다른 사람의 표정을 보고, '저 사람은 이럴 거야' 하고 짐작하지 않는 열린 자세가 필요해요. 그래야 누구와도 편하게 대화할 수 있습니다.

‘나’와 ‘친구’를 분리해서 대해 볼까요? 그러면 상대방이 어떤 표정을 짓든, 상대방에게 직접 듣기 전에 함부로 판단하지 않을 수 있어요. 판단하지 않는 자세는 인간관계에서 중요해요. 불편한 표정이라고 판단하면, 상대방에게 다가가기를 멈추게 되고, 물어보려는 말도 삼키게 되며, 자신의 대화법에 문제가 있다는 생각에 움츠러들어요. 그러나 상대방의 표정을 판단하지 않으면, 자신 있게 묻고, 대화를 이어 갈 수 있어요. 서운한 마음이 들거나 미워질 일도 없습니다.

마음의 문을 여는 속도는 다 다르다

친구의 긴장이 누그러질 때까지 시간을 주는 건 어떨까요? 친구는 사람에 대한 경계가 높을 수 있어요. 또는 예전에 친한 친구와 헤어진 경험으로 인해 마음의 문이 닫힌 상태일 수 있어요. 어릴 때 이사를 오면서 동네 친구와 작별한 게 아픔으로 남아 있을지 몰라요. 또 헤어질까 봐, 그러면 또 아파질 테니까, 새로 친구를 사귀는 것조차 두려운 것일지도 몰라요. 사람에게는 저마다의 사정이 있습니다. 이는 대화를 나누고 시간을 보내면서 차차 알 수도 있고, 오랜 세월이 지나도 모를 수도 있어요.

분명한 건 처음 만난 순간, 상대방에 대해 우리가 알 수 있는 건 거의 아무것도 없다는 사실입니다. 그러므로 판단이나 예측을 멈추고, 친구가 사람을 대하는 방식을, 한 사람 자체를 온전히 존중하는 자세가 필요해요. 한 사람을 대하는 방식이 앞으로 많은 사람을 대하는 방식에도 영향을 미칠 거예요. 천천히 다가오기를 바라는 사람, 마음의 문을 여는 시간이 필요한 사람에게는 시간을 내어 주세요. 그 친구가 내 인생에 중요한 사람이 될지 혹시 모르잖아요.

서로의 속도를 맞추고 진솔하게 대화하자

만약 내가 새로운 친구에게 잘 다가가는 편이라면 천천히 다가갑시다. 언덕을 올라갈 때도 성큼성큼 잘 올라가는 사람이 있고, 천천히 올라가야 끝까지 갈 수 있는 사람이 있어요. 보통 잘 올라가는 사람이 느리게 오르는 사람을 기다리고 보폭을 맞춰 줘요. 잘 올라가는 사람은 자신의 보폭과 속도를 조절하는 능력이 있기 때문이에요. 그렇게 함께 정상에 올라서 보는 풍경이 더 멋집니다. 내가 사교성이 있다면 속도를 조절해 볼까요?

반대로 내가 마음의 문을 천천히 여는 사람이라면 앞으로는 알아 두세요. 친구가 나의 굳어진 표정에 움츠러들고, 자신의 말이 부정적인 영향을 미친 걸까 고민할 수 있다는 것을요. 나에게 먼저 말을 건네고, 다가와 준 것은 고마운 배려예요. 긴장하고, 낯을 가려도 괜찮은데요. 고마움은 표현하지 않으면 친구가 모를 수 있어요. 수줍더라도 짧게 표현해 보세요. "먼저 말 걸어 줘서 고마워." 그리고 친구가 오해하지 않도록 솔직히 말해요. "내 표정이 굳어 있는 건 너 때문이 아니라 낯설어서 긴장한 거야. 혹시 네가 신경 쓸까 봐."

친구가 답변을 잘하도록 보기를 들면서 질문하자

대화할 때 상대방이 내게 질문을 잘 하지 않으면 대체로 "나한테 궁금한 거 없어?"라고 묻습니다. 또는 "너는 원래 이렇게 말이 없어?", "너는 낯선 환경에 잘 적응을 못해?"라면서 부정적으로 말하기도 하는데요. 이런 질문은 좋지 않아요. '없어', '못해'와 같은 부정어를 사용하기 때문에 대화의 흐름이 나빠질 수 있어요. 부정어는 상대방의 말을 반대하는 말이라서 상대방은 자신이 부정당했다고 생각할지도 몰라요. 그러면 듣는 사람은 기분이 나쁠 수 있어요.

생각해 보세요. 나는 그저 긴장했을 뿐인데, 나를 잘 모르는 친구가 "적응을 못하냐", "말이 없는 애구나"라고 판단하면 기분이 안 좋겠죠? '네가 뭘 안다고 나에 대해 떠들어' 하는 반감이 들 거예요. 이런 부정어가 친구 사이를 멀어지게 합니다. 이제부터는 부정어 대신 긍정어를 써 볼까요? 한결 대화가 밝아집니다. 게다가 대화를 시작할 때 내 이야기를 먼저 보기로 든 다음, 이어서 질문하면 친구가 더 편하게 답할 수 있어요. 솔직한 표현은 마음의 문을 열게 만듭니다.

나 나는 학교에서 한 10분 거리에 사는데, 너는 어디 살아? 가까우면 집에 같이 갈까?

친구 나도 10분 거리에 살아. 집이 어느 쪽이야?

나 우리 집은 희망마트에서 가까워.

친구 우리 집도 거기서 가까워.

나 그래? 잘됐다. 이따가 같이 가자. 너는 언니나 오빠 있어? 나는 혼자라서 형제자매 있는 친구들 보면 부럽기도 하더라고.

친구 나는 오빠 있어. 그게 왜 부러워?

나 같이 놀 수 있잖아. 나는 부모님이 일하셔서 집에 가면 혼자 공부할 때가 많거든.

친구를 위로해 주는
따뜻한 방법

친구가 넘어져서 울고 있어요.

친구 엉엉.

나 괜찮아?

친구 아파. 엉엉. (아까보다 서럽게 운다.)

나 울지 마. 일어나. 양호실에 가 봐.

우는 사람을 보면 안쓰러운 마음이 들어요. 위로해 줘야 할 것 같고, 적절한 말을 해 주고 싶은데, 뭐라고 말해야 할지 모르겠어요. 어떤 위로의 말이 친구의 눈물을 그치게 할까요?

"울지 마" 대신 실컷 울도록 두자

우는 친구를 보면 대체로 "울지 마"라고 이야기해요. 친구를 달래기 위해서 한 말일 텐데요. 눈물이 나는데, 울지 말라고 말하면 매정하게 들릴 수 있어요. 반대로 생각해 볼까요? 거실에서 재미있는 것을 보면서 한창 웃는데, 방에 있는 언니가 갑자기 말해요. "시끄러워. 조용히 해." 이런 말을 들으면 언니랑 말하고 싶지 않을 거예요.

울고 있을 때 누가 울지 말라고 하면 더 서러워질 수 있어요. 사람이 우는 건 슬퍼서든 기뻐서든 화가 나서든 저마다의 이유가 있습니다. 그 이유를 알려고 하지 않은 채 울음을 그치라고 하면, 화살이 나를 향할 수 있어요. 울고 있을 때는 실컷 울도록 두는 건 어떨까요? 눈물은 쏟고 싶은 만큼 쏟으면 마음이 깨끗해져서 기분 좋은 감정이 저절로 생겨요.

감정은 중요한 역할을 한다

우는 친구에게 "울지 마" 다음으로 자주 하는 말이 놀리는 말일 거예요. "야, 뭐 그딴 걸로 우냐!", "애 좀 봐. 애 지금 울어!" 장난을 치는 이유는 친구를 진짜 놀리기 위해서라기보다는 가라앉은 분위기를 띄우려는 시도일 거예요. 분위기가 가라앉는 상황이 익숙지 않거나 친구의 기분을 좋게 하려고 자기 나름의 노력을 하는데요. 우리가 분명히 알아 둬야 하는 게 있어요.

인간의 감정은 중요한 역할을 합니다. 감정은 내가 무엇을 원하는지 원하지 않는지, 내가 무엇을 좋아하고 싫어하는지, 내 안의 목소리를 알려 줘요. 울음이 나오는 건 감정에 영향을 받아서고, 감정의 작용이 일어나는 중이기 때문이에요. 이 감정을 잘 살피고 왜 눈물이 나는지 깨닫도록 이끌어 주세요. 그런 역할을 한다면 친구는 그 누구보다 나에게 진심으로 고마움을 느끼고, 좋아할 거예요.

만약 내가 울 때 울지 말라거나 놀리는 친구가 있으면 언짢을 수 있어요. 그럴 때는 친구를 미워하기보다 차분하게 말해 볼까요?

"나는 울고 싶은 만큼 울고 싶어. 혼자 있고 싶어."
"나는 혼자만의 시간이 필요해."
"내가 감정을 추스르도록 자리를 비켜 줄래?"

"왜 울어?" 이유를 묻자

이제부터 친구가 울면 "왜 울어?" 하고 이유를 물어보세요. 우는 이유는 그 친구만 알고 있어요. 나는 슬플 때 눈물이 나지만 누군가는 화가 날 때 울 수도 있고, 누군가는 기쁠 때 울 수도 있어요. 또 누군가는 다른 사람이 우는 모습에 덩달아 눈물이 날 수 있어요. 이유를 물어봐야지 알 수 있겠죠?

다만, "왜 울어?"라고만 말하면 자칫 친구가 "울지 마"라는 말로 오해할 수 있어요. 왜냐하면 많은 사람이 우는 사람한테 왜 우냐고 따져 묻듯이 말하기 때문이에요. "왜 울어? 답답하게.", "왜 울어? 울지 말고 말을 해야 알지." 이런 말을 들었던 사람일 수 있어요. 그러니 우는 이유를 물으면서 질문의 의도를 함께 밝히세요. "왜 울어? 이유를 말해 줄 수 있어? 말하고 나면 한결 기분이 나아질 거야."

"너는 그렇구나" 분리해서 듣기

주의할 점이 있어요. 친구가 넘어져서 우는 이유를 말하는데요. 가령 친구가 "넘어져서 너무 창피해"라고 말했어요. 그런데 이 말을 듣고 순간 속으로 '뭐 이런 걸로 울어?' 하는 생각이 들 수 있어요. 왜냐하면 나는 축구 하면서 자주 넘어지고, 넘어져도 툴툴 털고 일어나서 다시 경기에 뛰는 사람이기 때문이에요. 넘어지는 것쯤은 대수롭지 않아요. 그런데 친구는 한 번 넘어졌다고 서럽게 울다니 한심하다는 생각에 다그치는 말을 할 수도 있어요. "창피할 게 뭐 있냐. 다른 애들은 너 신경도 안 써." 이런 말은 위로가 되지 못해요. 친구는 더 상처받을 수 있어요.

이야기를 들을 때는 나와 연관 짓지 않고 분리해서 듣는 자세가 필요합니다. 어떤 말을 듣고 내 머릿속에서 무슨 생각이 들더라도, 위로의 말을 하거나 해결해 주려 하기보다는 또 다른 질문을 해 보세요. "왜 넘어진 게 창피해?" 그러면 생각지도 못했던 이야기가 나올 수도 있어요.

친구　엉엉.

나　이유를 묻기 괜찮아?

친구　아파. 엉엉. (아까보다 서럽게 운다.)

나　왜 울어? 이유를 말해 줄 수 있어? 말하고 나면 한결 기분이 나아질 거야.

친구　넘어져서 너무 창피해.

나　 왜 넘어진 게 창피해?

친구　초등학교 때 계주를 했는데, 내가 넘어져서 우리 반이 졌어. 그때가 생각났어.

나　그런 일이 있었구나. 그때가 생각난 거야?

평생 가는 우정을
만드는 법

내가 좋아하는 친구는 인기가 많아요. 쉬는 시간이면 친구들이 모여 재미있게 대화를 나눠요.

친구1 어제 제니 봤어? 너무 예쁘지 않아?

친구2 진짜 귀엽더라. 공항 패션 나도 따라 하고 싶어.

친구3 나도 제니처럼 착장하고 사진 찍었는데, (스마트폰으로 자기 사진을 보여 주면서) 어때?

친구1 오, 나름 노력했네.

친구3 나는 표정도 잘 따라 해. 봐 봐!

친구2 아하하하, 그게 뭐야!

나는 대화에 낄 수 없었어요. 왜냐하면 어제 제니가 뭘 했는지 잘 모르기 때문이에요. 나도 아이돌 노래를 자주 듣고 따라 부르지만, 춤을 따라 추거나 매일 제니를 보지는 않아요. 제니를 좋아하는 친구와 친해지려면 나도 제니를 공부해야 할까요? 어떻게 하면 재미있게 이야기하는 사람이 되어 좋아하는 친구와 친해질 수 있을까요?

친구가 재미있게 말하도록 만들자

재미있게 말하는 친구가 부러울 수 있어요. 그 친구가 무슨 이야기를 하면 다른 친구들이 웃고 재미있어하기 때문일 텐데요. 그 모습을 보면서 나도 재미있게 말하는 사람이 되고 싶은 거예요. 어른들도 이런 마음을 가져요. 저는 말하기 강의를 하는데요. 수많은 수강생이 말을 잘하고 싶은 이유를 이렇게 말해요. "재미있게 말하는 사람이 되고 싶어요. 그러면 사람들과 잘 지낼 수 있을 것 같아요."

그런데 진짜 재미있는 사람은 누구인지 아세요? '자기 이야기를 잘 들어 주는 사람'이에요. 사람들은 재미있게 말하는 사람이 아니라 자기 이야기를 잘 들어 주는 사람을 재미있는 사람이라고 기억해요. 왜냐하면 인간에게는 자기 이야기를 하고 싶은 욕구가 있기 때문이에요. 이 욕구는 상당히 커요. 그러니 정말로 좋은 친구를 사귀고 싶고, 많은 사람과 잘 지내고 싶다면 내가 재미있는 사람이 되려고 노력할 필요가 없어요. 이야기를 잘 들어 주는 사람이 되세요.

적극적으로 경청하자

경청은 귀를 기울여 듣는 것입니다. 경청을 자칫 '가만히 듣는 것'으로 여길 수 있어요. 제가 추천하는 가장 좋은 경청은 '적극적인 경청'입니다. "그랬구나", "그런 일이 있었구나"라고 반응하면서 듣는 것이 소극적인 경청이라면, 적극적인

경청은 친구가 자기 이야기를 더 많이 꺼낼 수 있도록 질문하면서 듣는 것이에요.

친구가 관심 있는 주제를 이야기하면, 그 '주제'를 이야기할 게 아니라 그 주제를 '관심 있어 하는 친구'에게 관심을 보이는 거예요. 앞의 예시를 다시 볼까요? 친구1이 '제니'에 대해 이야기하자 친구2와 친구3도 '제니'에 대해 이야기하죠. 그것보다 '제니를 좋아하는 친구'에 대해 질문하는 거예요.

우리 모두 다른 사람이다

내가 제니를 몰라도 괜찮아요. 친구가 본 제니를 궁금해하면 돼요. 유행에 뒤처지는 것도 아니고, 모르는 것을 부끄러워할 필요도 없어요. 세상은 모르는 것투성이예요. 그래서 재미있는 거죠. 또 친구는 제니가 귀엽다고 하지만, 내 눈에는 그렇지 않다면 마음에 없는 말로 맞장구를 치지 않아도 돼요.

개인마다 각자의 취향이 존재합니다. 우리는 모두 다른 사람이니까요. 다른 게 당연해요. 친구가 좋아하는 것을 궁금해하고, 그런 친구를 더 알고 싶어 하는 대화만으로도 가까워질 수 있어요. 이것이 서로를 존중하는 대화고, 이런 관계가 평생 우정을 만듭니다.

친구ㅣ 어제 제니 봤어? 너무 예쁘지 않아?

나ㅣ *제니를 좋아하는 친구에게 관심을 보이며* 어제 제니가 어땠는데?

친구ㅣ 너 못 봤구나. 기다려 봐. (사진을 찾아서 보여 주며) 공항 패션 너무 귀엽지!

나ㅣ *제니가 아닌 친구에게 계속 관심을 둔다.* 그렇게 귀여워? 넌 정말 제니를 좋아하는구나.

친구ㅣ 응. 너무 귀여워. 매일 하나라도 따라 하려고 노력해.

나ㅣ *친구에게 계속 관심을 두면 자연스레 질문이 나온다.* 언제부터 그렇게 좋아했어?

친구ㅣ 블랙핑크로 데뷔했을 때부터? 처음 보자마자 좋아했어!

사람을 알아 가는 대화가 좋다

대화를 잘 이어 가다가 친구의 반응이 좋지 않을 때가 있어요.

친구　블랙핑크로 데뷔했을 때부터 제니를 좋아했어.

나　(다음엔 무슨 질문하지?) 아, 그래? 그게 언제야?

친구　2016년이야. 너 그것도 몰라?

나　그렇구나. 무슨 곡으로 데뷔했어?

친구　(귀찮아하며) 네가 찾아봐.

친구한테 관심을 보이며 질문을 했는데요. 갑자기 친구의 반응이 떨떠름해졌어요. 내가 이상한 질문을 한 걸까요? 대화를 잘 이어 가려면 어떻게 해야 할까요?

꼬치꼬치 캐묻는 것 같은 질문을 피하자

친구가 신나게 이야기하다가 떨떠름한 반응을 보이는 이유는 '정보 위주의 질문'이라서 그래요. 예시에서 나는 친구에게 제니의 데뷔 연도가 언제인지, 무슨 곡으로 데뷔했는지 정보를 묻죠? 일상에 대입해 볼까요? 예를 들어, 부모님이 내게 얼마 전 치른 시험에 관해 질문합니다. "이번에는 몇 점 받을 것 같아?" 이런 말을 들으면 기분이 안 좋을 수 있어요. 왜냐하면 부모님은 내가 노력한 과정보다 점수에 신경을 쓰는 것처럼 느껴지기 때문이에요.

만일 시험 성적이 안 좋을까 봐 불안하다면 평소에 부모님이 점수나 시험에 관한 이야기를 많이 물었기 때문일지도 몰라요. 우리가 부모님께 듣고 싶은 질문은 온전히 나에게 관심을 보이는 질문 아닐까요? '시험'과 관련한 이야기가 아니라 시험을 본 '내가' 주인공이 된 질문을 듣고 싶어요. "시험이 끝나니까 기분이 어때? 홀가분해?"

제삼자가 아닌 우리 이야기를 하자

이처럼 자꾸 제니에 관해 물으면 친구가 불편할 수 있어요.

다시 한번 말하지만, 모든 사람은 자기 이야기 하기를 좋아합니다. 우리와 함께 있지 않은 제니는 '제삼자'예요. 제삼자를 주인공으로 대화하면 어느 시점에는 할 말이 떨어져요. 아무리 제니를 잘 아는 사람이더라도, '나'와 '너'는 제니가 아니라서 끝없이 이야기할 수 없어요. 친구 말처럼 제니에 대해 궁금하면, 혼자 검색하면 알 수 있잖아요. 이런 대화보다는 '우리만 할 수 있는 대화'가 좋습니다.

그런데 이런 생각이 들 수 있어요. '부모님이나 친구들은 제삼자나 정보 위주로 대화를 많이 나누던데?' 맞아요. 그 이유는 좋은 대화에 서툴러서예요. 가령 부모님이 학교에 다녀온 나에게 물어요. "오늘 학교에서 선생님이 뭐 가르쳐 줬어?" 선생님은 제삼자죠? 그런데 부모님은 선생님이 궁금한 게 아니라 내가 무엇을 배웠는지 궁금해서 물어본 거예요. 그러니까 좋은 대답은 '선생님이 뭘 가르쳐 줬는지'가 아니라 '내 이야기'를 하는 거예요. "선생님이 우리나라 역사에 대해 알려 줬어요"가 아니라 "오늘 저는 우리나라 역사를 배웠어요"라고 이야기하는 거죠.

나와 함께 있는 친구를 궁금해하자

　이제부터는 나와 함께 있는 친구를 궁금해하세요. 가장 좋은 대화는 사람을 알아 가는 대화입니다. 제니가 아닌 제니를 좋아하는 친구에게 관심을 기울이는 거예요. 제니의 데뷔 연도를 묻기보다 그해에 너는 왜 제니에게 푹 빠지게 됐는지, 너의 눈에는 제니가 어떤 사람으로 보이는지, 너는 제니를 보면 어떤 기분이 드는지 등을 묻는 거예요.

　이런 대화는 대화를 나누기 전과 후가 달라져요. 나와 함께 있는 사람에 대해 하나씩 알아 갈수록 사이는 더 깊어집니다. 이런 대화는 시간 가는 줄 모르고 이어져요. 왜냐하면 나는 너에 대해 아직 모르는 게 많지만, 너를 알고 싶은 마음이 가득하잖아요. 이 질문에 답해 줄 대상인 네가 내 앞에 존재하기에 대화가 끊이지 않습니다.

매번 친구가 하는 것을 따라 하고, 꼭 친구가 좋아하는 것을 알아야 대화가 가능한 게 아니에요. 그런 삶은 다른 사람의 삶의 방식을 추종하는 것이고, 내가 원하는 인생이 아니라 행복하지 않아요. 나는 나로 온전히 존재할 때 행복합니다. 좋은 관계는 나와 너를 있는 그대로 존중하는 사이예요.

친구 블랙핑크로 데뷔했을 때부터 제니를 좋아했어.

나 제니를 좋아하는 친구를 궁금해하며 왜? 어떤 점이 좋아?

친구 음. 그냥 다. 자기가 좋아하는 이유를 처음부터 구체적으로 말하는 사람은 드물어요. 이때 친구가 짧게 대답했다고 해서 내가 질문을 잘 못했다고 섣불리 생각지 말아요.

나 친구가 대답을 잘하도록 보기를 들어서 구체적으로 물어요. 제니가 예뻐서 좋아하는 거야? 아니면 제니 노래를 듣거나 춤을 보면 기분이 좋아? 네가 춤추는 거 좋아해서 그런가? 아니면 제니가 옷을 잘 입는 게 좋은 거야? 친구는 들으면서 자신이 좋아하는 이유를 생각할 거예요.

친구를 움직이는 설득법

학급 임원 선거 기간이에요. 후보자들은 유세를 벌입니다.

나 저는 어릴 때부터 회장이 되는 게 목표였습니다. 이번에 제가 회장이 된다면 학교에 테니스장을 만들도록 교육청에 건의하겠습니다. 테니스는 제가 꾸준히 하는 운동인데, 체력도 나아지고, 재미있습니다. 저는 따로 테니스를 배우고 있지만, 학교에 테니스장이 생기면 여러 학생과 테니스를 칠 수 있어서 재미있을 것 같습니다.

다른 후보 아시다시피 저는 공부를 잘합니다. 제가 회장이 된다면 학습 분위기를 더 높이겠습니다. 우리 반을 학교에서 공부를 제일 잘하는 반으로 만들고, 우리 학교를 지역구에서 가장 공부를 잘하는 학교로 만들겠습니다.

과연 둘 중에 누가 친구들의 지지를 더 많이 얻을까요?

원하는 것을 이루기 위해서 설득하자

이 내용만으로는 둘 다 지지를 얻기 어려워 보여요. 왜냐하면 설득하고 있지 않기 때문이에요. 설득은 내가 원하는 것을 다른 사람에게 함께해 달라고 말하는 게 아니에요. 이는 요청, 요구, 제안일 뿐이죠. 두 사람은 모두 각자 원하는 것을 이야기하고 있어요. 나는 테니스장을 원하지만, 과연 친구들도 원할까요? 다른 후보는 공부를 잘하는 반으로 만들겠다고 하지만, 과연 다른 친구들도 원할까요? 이건 치킨을 좋아하는 친구가 "수업 끝나고 치킨 먹으러 가자" 하고 말하는 것과 다름없어요.

설득은 '다른 사람이 하고 싶게 만들어 스스로 움직이도록 만드는 것'입니다. 설득에 성공하기 위해서는 다른 사람이 원하는 것이 무엇인지 말하고, 그것을 이루는 방법을 알려 주면 됩니다. 이제부터 설득해야 하는 순간을 앞두면 이 한 문장을 떠올려 보세요. '친구가 이걸 하면 무엇이 좋을까?' 여기에 대한 답이 친구를 움직이게 만듭니다.

상대방의 입장에 서서 바라보자

설득을 잘하려면 친구의 입장에 서서 세상을 바라봐야 합니다. '친구는 지금 왜 치킨을 먹어야 할까? 친구가 치킨을 먹으면 뭐가 좋을까?' 그렇게 하나씩 생각하면 친구의 관점으로 세상을 바라볼 수 있어요. 아마 최근 친구의 사정이 떠오를 거예요. '맞다. 요즘 친한 친구랑 다퉈서 속상하다고 했지. 울적한 친구의 기분을 풀어 주고 싶어. 치킨을 먹으면 기분이 좋아지니까 그 이야기를 하자. 치킨은 바삭하고 든든해서 먹을수록 기분이 좋아지잖아.'

일방적으로 내가 먹고 싶으니까 같이 가자고 하는 것보다 "너 요즘 친구랑 다퉈서 속상하다고 했지? 나랑 치킨 먹으러 가자. 그럼 기분이 좋아질 거야! 치킨은 바삭하고 맛있잖아!"라고 말하는 거예요. 그러면 친구의 마음을 움직일 수 있습니다. 선거도 마찬가지예요. 내가 회장이 되고 싶은 이유는 개인적이라서 다른 친구들에게는 안 통할 수 있어요. 사람은 저마다 원하는 게 다르기 때문이에요. '친구들은 어떤 회장을 원할까? 어떤 회장이 선출되면 친구들은 더 행복할까?' 깊이 생각해 보세요.

설득은 함께 행복해지는 방법이다

　설득을 잘하면 상대방의 입장에 서서 생각하는 습관이 생깁니다. 선거 유세를 다시 구상해 볼까요? 중요한 점은, 내가 원하는 것을 이루는 방법을 다른 사람이 행복해지는 방법과 연관 지어서 말하는 거예요. 인간은 궁극적으로 행복을 추구합니다. 모두에게는 각자의 삶의 방식이 있고, 이는 행복으로 통하는 길이에요. 후보자의 말을 설득의 언어로 바꿔 봅시다.

"저는 어릴 때부터 회장이 되는 게 목표였습니다.

내가 어릴 때 회장이 되는 게 목표였다는 것에 다른 친구들은 관심이 없어요.

만약 원대한 꿈을 위해서 준비한 것들이 있다면 그것을 이어서 말해요.

이번에 제가 회장이 된다면 학교에 테니스장을 만들도록 교육청에 건의하겠습니다.

테니스장을 만드는 것은 좋아요. 학교에 운동 시설이 생기면 학생들이 운동할 수 있으니 모두에게 행복해지는 방법이 될 수도 있어요. 그러기 위해서는 타당한 이유가 있어야겠죠.

테니스는 제가 꾸준히 하는 운동인데, 체력도 나아지고, 재미있습니다.

개인적인 이유로 다수를 설득하기에는 힘이 떨어져요. 테니스가 나한테 좋았다면, 다른 친구들한테는 테니스가 어떤 부분에서 장점이 될 수 있을까요?

여기에 대한 답을 이어서 말합니다. 여러 가지 경우가 있을 테고, 각기 다른 점을 설득하면 말에 더 힘이 생깁니다.

저는 따로 학원에서 수업을 듣지만, 학교에 테니스장이 생기면 많은 학생과 테니스를 칠 수 있어서 재미있을 것 같습니다.

역시나 개인적인 이야기죠. 자신이 원하는 것을 지지해 달라는 이야기는 통하지 않아요. 더 크고 더 넓게 학생들을 바라보고, 이들이 움직이기에 테니스가 어떤 점에서 유리하고 도움을 줄지 고심해요.”

"저는 어릴 때부터 회장이 되는 게 목표였습니다. 그래서 오랜 기간 이날을 위해 준비했습니다. 제가 회장이 된다면 학교에 테니스장을 만들도록 교육청에 건의하겠습니다. 학교에는 공부를 열심히 하는 친구들이 있는데요. 잠을 줄이면서 공부하면 체력에 무리가 가서 좋아하는 공부를 하는 게 힘들어집니다. 그러나 체력이 높아지면 집중력까지 좋아져서 단시간 안에 더 많은 양을 습득하고 이해할 수 있습니다. 테니스는 유산소와 근력 운동을 함께하는 운동이라 기본 체력이 향상됩니다. 체력이 좋아지면 여러 운동에도 도움이 됩니다. 야구나 피구, 축구, 발야구처럼 여러 사람과 경기할 때도 폭발적인 실력으로 우수한 성적을 낼 수 있습니다. 저 역시 기초 체력이 떨어졌지만 테니스를 꾸준히 하면서 건강해졌고, 이런 건강한 에너지를 여러분과 나누고 싶습니다. 테니스를 시작으로 우리 학교를 각자가 좋아하는 것을 잘할 수 있는 학교로 만들도록 힘쓰겠습니다."

이해되지 않는
친구가 있다면

우리 반에 수업 시간에 잠만 자는 애가 있어요.

소리　(책상에 엎드린 채 잔다.)

친구　소리 봐. 쟤 또 잔다.

나　저럴 거면 왜 학교에 오는 거야?

학습 분위기를 망치는 친구가 마음에 들지 않아요. 어떻게 말하면 그 친구가 바뀔까요?

마땅히 그래야 한다는 생각을 지우자

친구가 꼭 바뀌어야 할까요? 왜 그런 생각이 들까요? 수업 시간에 수업을 듣는 게 당연하다는 생각 때문일까요? 우리는 잠을 자는 친구를 보면 '저러면 안 된다'라고 생각해요. 학교 규칙에 반하는 행동이기 때문이지요. 그런데 정말로 그 규칙을 반드시 지켜야 할까요? 친구가 잠을 자는 게 다른 친구에게 심각한 악영향을 미칠까요?

물론 수업 시간에 수업을 열심히 듣는 것은 학생의 도리가 맞습니다. 그런데 이처럼 '마땅히 그래야 한다'라는 생각 때문에 우리가 놓치고 있는 것들이 있어요. 친구의 입장에서 생각해 봤나요? 그 친구는 왜 수업 시간에 잘까요? 왜 우리는 질문하지 않고 타인의 겉모습만 보고 '잘못된 행동'을 한다고 판단할까요?

사회적 규칙을 떠나 한 사람을 바라보자

세상에는 제도와 규칙, 법이 존재합니다. 이는 함께 살아가기 위해서예요. 지구라는 한정된 공간에서 80억 명의 인구가 살아가려면 질서가 필요하지요. 그러나 이것은 순조로운 일상을 위해서 존재하는 것이지, 이를 결코 벗어나선 안 되거나 이것을 지키지 않는 사람을 무조건 곱지 않은 시선으로 보는 마음은 인간관계를 해롭게 합니다.

　학생이라면 수업 시간에 공부하는 게 옳지만, 그런 시각을 다 떠나서 먼저 친구를 바라보세요. 친구의 입장에 서서 생각해 봅시다. 잔다고 야단치는 선생님, 잠을 자는 자신을 피하는 친구들에게 서운하지 않을까요? 이유를 묻지 않은 채 곱지 않은 시선으로 자신을 본다는 것을 알게 된 친구의 마음은 허탈하지 않을까요? 우리는 타인의 말과 행동의 진짜 이유를 알려고 하기 전에, 다수와 다른 행동을 한다는 사실만으로 '나쁜 행동을 하는 사람'이라고 치부할 때가 있어요. 하지만 인간관계를 이롭게 하려면, 편견이나 판단을 지운 채 한 사람을 바로 보아야 합니다.

타인이 신경이 쓰인다면 나에게서 이유를 찾자

　잠을 자는 친구가 왜 자꾸 신경이 쓰일까요? 친구가 잘못해서 그럴까요? 그 이유는 친구가 아닌 나에게 있어요. 예를 들어, 나는 지난번 시험에서 좋은 성적을 내지 못해서 이번 시험은 잘 보고 싶어요. 그런데 잠을 자는 친구가 거슬려요. 이건 화풀이와 비슷해요. 우리는 불안할 때 다른 사람을 쉽게 공격합니다.

　내 마음을 바라보는 게 중요해요. 앞으로는 내 마음을 들여다보세요. '재는 왜 자꾸 자는 거야?'가 아니라 '왜 나는 잠을 자는 애가 신경 쓰일까?'라고 생각해 보세요. 주어를 '재'가 아니라 '나'로 돌리는 거예요. 더 깊이 들여다볼까요? 수업 시간에 깨어 있어도 그림을 그리면서 딴짓하는 친구도 있고, 공부하는 척하지만 멍하게 있는 친구도 있어요. 그런데 유독 잠을 자면서 티가 나게 반항하는 모습에 거부감을 느끼는 것일 수도 있습니다.

반복하지만, 거부감의 원인은 내 안에 있어요. 나는 자고 싶어도 참고 공부하는데, 친구는 태평하게 자는 게 부러운 것일지도 몰라요. 내 마음을 들여다본 결과, '자고 싶다'라는 속마음을 발견하죠. 대체로 예민해지는 이유는 내가 원하는 게 충족되지 않아서예요. 그러면 이번 주말에는 책을 덮고, 잠을 자는 것을 선택해 에너지를 충전할 수 있어요. 얼마나 발전적인가요?

나쁜 행동이라고 판단하기 전에 물어보자

앞으로 '마땅히 그래야 한다'는 판단에서 벗어나세요. 판단을 지우면 친구가 잘못한 게 아니라는 것을 깨달아요. 그러면 상대방의 관점에서 질문이 생깁니다. '친구는 학교에서도 잠을 잘 만큼 피곤한 것일까? 지난밤에 잠을 못 잔 이유가 있을까? 잠자리가 불편할까? 불면증이 있는 걸까? 잠을 자는 게 친구에게 가장 큰 행복일까?' 다른 관점이 보일 것입니다.

물어보세요. 친구의 이야기를 들어 주세요. 자신에 대해 진심으로 궁금해한다면 자기 이야기를 들려주고 싶을 거예요. 대신 질문할 때는 순수한 의도를 밝히고, 친구를 향한 진심을 표현하기로 해요. 그래야 친구와 마음이 통하는 대화를 할 수 있어요.

소리 (자다가 일어나며) 하암.

나 소리야, 잠을 자주 자네. 어젯밤에 잘 못 잤어? 질문의 의도를 밝혀요. 만약 무슨 일이 있는 거면 말해 줄 수 있어? 한동안 네가 자는 걸 보면서, 잠자리가 불편한 건지 걱정돼서. 말하기 곤란하면 안 해도 돼.

소리 고마워. 부모님이 맞벌이하시거든. 동생이 네 살인데, 밤 늦게까지 잘 못 자서 나도 덩달아 잠을 못 자.

나 그렇구나. 내가 수업 요약한 게 있는데, 보고 싶으면 빌려 줄게.

화내고 삐진 친구를
대하는 법

친구와의 약속에 늦어서 뛰어나갔어요. 10분을 늦었는데, 친구는 나를 보자마자 화내요.

친구　왜 이제 와! 넌 맨날 늦냐!

나　미안, 시간을 깜빡했어. 오래 기다렸어?

친구　나는 20분 전에 나와 있었단 말이야. 30분이나 기다렸어! 너랑 이제 약속 안 해.

나　미안해. 내가 잘못했어. 화 풀어.

화내는 친구를 어떻게 달래야 할까요? 나도 속상해요. 약속보다 20분 전에 나온 건 자기 사정인데, 30분이나 기다렸다고 나한테 화를 내면 어떡해요? 그렇다고 나랑 이제 약속을 안 한다니. 이런 친구와 잘 지내야 할까요? 사과는 어떻게 하는 게 좋을까요?

사과는 즉시 하자

미안한 일을 했다면 즉시 사과하는 게 좋습니다. 시간이 지날수록 화는 더 커져요. 마치 불이 난 것과 같아요. 불씨는 아주 작아요. 손으로 끌 수 있을 정도예요. 그런데 초기에 진압하지 않으면 불씨는 점점 번져서 집도, 산도 태우죠. 예전으로 돌아가려면 오랜 시간이 걸려요. 화도 마찬가지입니다. 마음속에서 불이 난 것과 같은 상태예요. 즉각적인 사과로 불씨를 초기에 끕시다.

사과할 때 조심해야 할 게 있어요. "미안해"라는 말만 뱉었다고 해서 사과한 게 아니에요. 여러 번 미안하다고 말한다고 친구의 화가 풀리는 게 아니에요. 사과는 나의 몫이지만, 화를 풀거나 용서하는 건 친구의 몫이에요. 그건 내가 관여할 수 없어요. 사과하면서 "화 풀어" 또는 "용서해 줘"라는 말은 삼가요. 내가 할 몫은 진정한 사과입니다. 그런 뒤 친구가 다시 신뢰할 수 있게 행동으로 보여 주세요.

친구의 다친 마음에 구체적으로 사과하자

구체적으로 사과하면 진심이 전달됩니다. 친구가 무엇 때문에 속상했는지 정확히 표현하세요. 화가 나거나 서운하거나 삐지는 건 머리가 아닌 '마음'의 영역이에요. 이 다친 마음에 먼저 사과합니다. 그다음에는 다친 마음으로 인해 어떤 안 좋은 생각이 들었는지 친구 입장에서 헤아려서 말해요. 기분이 안 좋아지면 그 순간 나쁜 생각이 피어나면서 화가 더 날 수 있기 때문이에요.

내가 불안했던 순간을 떠올려 보세요. 내일 아침 7시에 친구들과 산에 가기로 했어요. 그런데 아침 일찍 못 일어날까 봐 불안해요. '내일 늦게 일어나면 어쩌지? 친구들과 약속을 못 지키면 어쩌지? 친구들은 그런 거 딱 질색하는 애들인데. 그러면 앞으로 나랑 약속 안 하는 거 아니야?' 안 좋은 생각이 꼬리에 꼬리를 물고 이어지죠? 화날 때도 마찬가지예요. 친구의 머릿속에 별생각이 다 들었을 거예요. 나의 행동이 친구에게 어떤 기분을 초래했는지, 그 기분으로 어떤 마음이 들었을지 헤아려 보세요.

내 입장 말고 친구의 입장을 가늠해 말하자

친구는 내가 자신과의 관계를 소중하게 여기지 않는다고 생각할 수 있지 않을까요? 친구가 20분이나 먼저 와서 기다린 건 나와 더 시간을 보내고 싶어서가 아닐까요? 그런데 나는 늦게 왔으니 서운하지 않겠어요? 친구 입장에 서서 생각하면 친구의 마음을 조금이나마 짐작할 수 있어요. 이 속상한 마음에 사과하고, 나의 진심을 전해 주세요. 특히 늦은 이유를 솔직하고 정확하게 밝히면 오해가 풀릴 수 있습니다. 진실은 그 자체로 힘이 있어요.

"즉시 사과 미안해. 친구의 속상한 마음을 헤아리기 내가 늦어서 너와의 약속을 소중하게 생각하지 않는다고 여겼을 것 같아. 나의 진심을 표현하기 나는 너를 정말 소중한 친구로 생각해. 솔직한 사정을 말하기 숙제하다 보니 시간이 이렇게 된 줄 몰랐어. 내일까지 끝내야 하는 거라서. 그런데 시계를 보니까 벌써 약속 시간이 돼서 황급히 뛰어나왔어. 다시 한번 사과 늦어서 정말 미안해. 다짐 다음부터는 너를 기다리게 하는 일은 절대 없을 거야."

좋아하는 마음만큼 화가 나기도 한다

친구가 화를 낸다고 나를 만만하게 본다거나, 친구의 성격이 이상하다고 여기지 않았으면 좋겠어요. 아이러니하게도 좋아하는 마음이 크면 화를 더 잘 내기도 해요. 예를 들어, 길을 가는데 모르는 사람이 대뜸 나에게 욕을 하면 이상한 사람인가 보다, 하고 대수롭지 않게 피하겠죠? 그런데 친한 친구가 나에 대해 안 좋은 이야기를 하면 마음이 크게 상하잖아요. 그만큼 관계를 깊게 맺고, 마음을 줬기 때문에 작은 일에도 속상한 거예요.

화가 날 수는 있지만, 화를 크게 내는 모습은 관계에 좋지 않아요. 감정 조절은 평생 숙제처럼 갈고닦아야 합니다. 그만큼 어렵기 때문이에요. 어른이 된다고 감정 조절을 잘할까요? 만약 그랬다면 이 세상에 벌어지는 숱한 사건 사고는 일어나지 않겠지요. 여러분은 아직 청소년이고, 감정을 조절하는 법을 익히는 시기예요. 그러니 화를 내는 것 자체를 나쁘게 보지는 말아요. 그래도 친구가 화내는 모습에 놀랐다면, 앞으로의 관계를 위해 진심을 표현하세요.

"다음에 속상한 일이 있을 때는 차분하게 이야기해 주면 좋겠어. 네가 크게 소리를 쳐서 처음에는 깜짝 놀랐어."

그런 다음 이유를 물어보는 것도 좋아요. 늦는 게 왜 싫은지, 얼마나 기분이 나쁜지, 기다리면서 무슨 생각이 들었는지. 그렇게 친구와 찬찬히 이야기를 나누면 금세 친구의 기분이 풀릴 수 있습니다.

즐거운 학교생활을 위한
어른과의 대화법

누구든 기분 좋아지는
인사법

학교에서 선생님을 만나면 어떻게 인사하나요? "안녕하세요." 기본적인 인사는 잘하죠? 제가 만일 학생으로 돌아간다면 저는 선생님의 이름을 부르면서 인사할 거예요. "정홍수 선생님, 안녕하세요." 사람을 기분 좋게 하는 인사법이기 때문입니다.

이름을 부르면서 인사하기

친구 사이에서는 이름이나 별명, 애칭을 정해서 부르기도 하죠. 제 이름은 '정홍수'라서 친구들이 "홍!", "홍아"라고 자주 불러요. 부모님은 제 이름의 마지막 글자를 따서 "수야"라고 부르시고요. 저희 오빠는 "정홍수"라고 불러요. 제가 가장 듣기 좋은 말은 "홍수야"입니다. 제일 듣지 못해서인지, 누군가 제 이름을 불러 줄 때 특별한 감정을 느껴요.

이름은 각자에게 가장 특별한 단어입니다. 이러한 이유로 이름을 부르는 건 그 자체로 특별해요. 우리나라는 호칭과 높임말이 존재해서 이름을 부르는 일이 흔치 않아요. 이로 인해 이름을 부르는 모습을 자주 보지 못하는데요. 그렇기에 이름을 부르면 각별한 느낌이 들어요. 저는 회사 생활을 할 때도 선배들의 이름을 불렀어요. "사랑 선배님!"

이름은 나를 나로 존재하게 한다

이름을 함께 부르면 상사와 선배들은 좋아했어요. 그 누구도 "왜 이름까지 붙여서 불러요?"라고 묻거나 싫어하는 사람은 없었어요. 어른이 되면 역할이 많아져요. 학교에서는 선생님, 회사에서는 과장님, 차장님, 부장님 등의 직책이 생기죠. 저도 미팅할 때 사람들이 제게 물어요. "어떤 호칭으로 부르는 게 좋으세요? 대표님? 작가님? 강사님? 아나운서님?" 저는 "이름으로 불러 주세요"라고 말하기도 해요.

저는 독서 모임을 진행하는데요. 여기서는 모두를 ○○ 님 하고 이름으로 불러요. 한 멤버는 모임에 와서 가장 좋았던 점을 이렇게 말했어요. "저는 '고은 님'이라고 불러 주는 게 정말 좋았어요. 결혼하고 누구 엄마, 누구 아내라고 불리고, 회사에서는 영어 이름이나 직책으로 불리는데요. 여기서는 오랜만에 제 이름을 불러 주니까 '그렇지, 나는 최고은이지' 하는 생각이 들었어요. 저라는 사람으로 존재하며 이야기를 나눈 게 참 좋았습니다."

'드디어' 오늘 만난 사람처럼 반갑게 인사하기

형식적인 인사는 특별한 느낌을 주지 못해요. 앞으로는 오랫동안 보고 싶었던 사람을 드디어 만난 것처럼 반갑게 인사해 보세요. 윗니가 여섯 개 이상은 드러나도록 활짝 웃으면서, 이름과 함께 호칭을 부릅시다. 목소리는 씩씩하고 활기차게 해요. 선생님이 내 목소리에 기분이 좋아질 정도로 밝게요. 웃으면서 말하면 밝은 음성이 전달돼요. 치아가 훤히 드러날 정도로 웃어야 멀리서 봐도 기분이 좋아요. 선생님이 먼 곳에서 보일 때부터 반갑게 인사해 보세요.

우리나라에는 "인사만 잘해도 90퍼센트는 성공한다"라는 말이 있지요. 저는 97퍼센트로 높여도 괜찮다고 봐요. 왜냐하면 인사는 볼 때마다 하고, 인사를 시작으로 대화를 이어 가잖아요. 어떻게 인사하느냐에 따라 그날의 분위기와 관계가 결정됩니다. 날마다 새로운 태양이 뜨듯 관계는 날마다 새로워질 수 있어요. 매일 화창한 해처럼 인사를 나눠요.

사람을 가리지 않고 반갑게 인사하기

솔직히 말해서 매일 보는 선생님이 그렇게 반갑지 않을 수도 있어요. 피하고 싶은 선생님도 있을 거예요. 그러나 내 기분대로 행동하는 건 나에게 불리해요. 내 마음을 사랑하는 사람과 좋아하는 사람에게 표현하는 건 좋은데요. 안 좋은 마음을 누군가에게 들키면, 나는 '기분 내키는 대로 행동하는 사람'으로 낙인찍힐 수 있어요. 나를 잘 아는 사람은 내 행동의 이유를 알겠지만, 나를 잘 알지 못하는 사람은 겉모습만 보고 안 좋게 판단할 수 있어요.

그런 것도 상관없다고 할 수 있지만, 인연은 어떻게 우리와 엮일지 몰라요. 저는 중학생 때 싫어하는 선생님이 다가오면 숨었어요. 아마 선생님도 그런 저를 봤겠죠? 만일 제가 중학생 때로 돌아간다면 굳이 티를 내지 않을 거예요. 동등하게 인사할 거예요. 그럴수록 제 이미지가 좋아진다는 것을 이제는 아니까요. 저는 제게 이로운 행동을 할 것입니다.

인사만 잘해도 내 편이 생긴다

반가운 인사를 받은 선생님은 학생이 자신을 존중한다고 느껴요. 나이가 많든 적든 똑같이 느껴요. 자신을 존중하는 학생에게 존중으로 화답할 거예요. 반갑게 인사하는 학생을 '좋은 사람'으로 인식합니다. 만일 난처한 상황이 생기면 선생님이 내 편을 들어 줄 거예요. 좋은 이미지는 마일리지처럼 적립돼요. 평소에 나를 좋게 보고 있으면 내가 도움을 부탁하거나 제안할 때도 쉽게 들어줍니다. 반가운 인사만으로 내 편을 얻을 수 있어요.

이 정도로 인사를 잘하는 습관을 들이면 사회생활이 편해져요. 반가운 인사만으로 다른 사람의 마음을 편하게 만들기 때문이에요. 저는 달리기가 취미라서 여러 도시를 달렸는데요. 반대편에서 달려오는 주자 중에서는 눈을 마주치면 눈인사를 하거나 응원을 보내는 사람이 있어요. 그냥 지나치는 사람도 있는데, 반갑게 인사해 주면 호감이 급상승합니다. 그 도시에 사는 사람, 그 나라 전체가 좋은 이미지로 각인될 정도예요. 반가운 인사는 이만큼 놀라운 효과를 냅니다. 선생님을 포함해 부모님, 마주치는 어른, 친구에게도 이렇게 인사해 보세요. 친절이 배로 돌아옵니다.

수업 시간에
똑똑하게 질문하기

수업이 끝날 때쯤 선생님이 묻습니다.

선생님 질문 있는 사람?

나 (궁금한데, 물어봐도 괜찮을까?)

선생님 없으면 여기서 수업 마칠게.

학생들 감사합니다.

묻고 싶은 말이 있어도, 질문하지 못할 때가 있어요. 이런 질문을 해도 되나 망설여져요. 더 알아보고 질문해야 하지 않나, 질문하면 애들이 쉬는 시간을 잡아먹는다고 싫어하지 않을까, 눈치가 보이기도 해요. 어떻게 하면 좋은 질문을 할 수 있을까요?

어떤 질문이든 좋은 질문이다

어떤 질문이든지 좋은 질문이라는 것을 알아 두세요. 질문하기 전에 머릿속에 떠오르는 생각은 뒤로합시다. 저는 이 책을 쓰는 시점을 기준으로 하면 교육한 지 15년째예요. 기업을 포함해 중학교, 고등학교, 대학교, 대학원에서도 수많은 사람을 만나 수업했습니다. 지금까지 받은 질문이 얼마나 많겠어요? 그중에는 수업과 관련 없는 사적인 질문도 많았는데요. 무엇이든 반가웠어요. 질문은 관심을 뜻하기 때문이에요.

질문하는 게 수줍기도 하고, 왠지 다른 애들은 다 아는 것을 나만 모르는 건가 싶어서 선생님께 죄송한 마음에 질문하지 않을 때도 있을 거예요. 저 역시 어린 시절부터 이러한 생각 탓에 손을 들어 질문하지 못할 때가 많았어요. 어른 중에도 이런 고민하는 사람이 참으로 많답니다. 어릴 때부터 질문하는 연습이 되지 않아서예요. 지금부터 좋은 질문하는 방법을 하나씩 알려 드릴게요.

궁금한 것은 핵심을 간추려서 묻기

좋은 질문을 하는 방법은 첫째, 제일 궁금한 것을 물어봅니다. 둘째, 궁금한 이유를 말합니다. 셋째, 질문 시간은 30초 이내로, 세 문장 정도로 축약합니다. 넷째, 미리 답변에 감사함을 표합니다. 다섯째, 긍정적인 말로 질문합니다.

예를 들어 볼까요? 국어 시간에 '낭만'이라는 단어의 뜻이 난해해서 질문합니다. "선생님, 낭만의 뜻이 뭔가요? 잘 이해가 안 가서요." 이는 안 좋은 질문의 예시예요. '이해가 안 간다'라고 부정어를 섞어서 말하면, 듣는 선생님은 '내가 설명을 잘 못했다는 건가'라고 받아들일 수 있어요.

앞으로는 이렇게 질문하세요.

"선생님, 구체적으로 말하기 교과서 135쪽 위에서 네 번째 줄에 '낭만'이라는 단어가 나오는데요. 핵심을 묻기 일상에서는 어떤 상황에서 쓰는지 궁금해요. 질문한 이유를 말하기 처음 보는 표현이라 낯설지만, 왠지 마음에 드는 단어라서 자주 쓰고 싶어서요. 답변에 감사를 표현하기 감사합니다."

이 문장 어디에도 부정어는 없지요?

질문하기가 수줍다면 선생님을 찾아가기

질문하는 게 쑥스럽나요? 그럴 수 있어요. 그럴 땐 수업이 끝나고 선생님을 찾아가서 물어보세요. 다만, 선생님의 시간을 잡아먹는 건 좋지 않으니, 미리 시간을 밝히면 도움이 됩니다. "선생님, '낭만'이라는 단어에 대해 질문하고 싶은데요. 2분 정도 시간 내 주실 수 있으세요?" 만일 선생님이 미안하지만 다음 일정으로 가야 한다고 하면, "그럼 다음에 질문드리겠습니다. 감사합니다"라고 말하세요.

되도록 수업 시간에 질문하는 연습을 해 볼까요? 수줍은 이유는 자주 안 해서 그래요. 저도 성인이 돼서 일부러 손을 들고 질문하는 연습을 했어요. 그랬더니 이제는 질문하는 게 어색하지 않고, 수줍지도 않아요. 특히나 제가 오랜 기간 수업을 해 본 결과, 누군가의 질문이 수업의 질을 더 좋게 만든다는 것을 알아서 이제는 씩씩하게 질문한답니다.

바보 같은 질문이라고 생각할수록 질문하자

앞으로는 다른 친구를 도울 수 있다는 생각으로 용기를 내어 질문하세요. 그 질문이 수업과 완전히 상관없이 선생님의

격을 떨어뜨리려는 불순한 목적이 아니라면, 어떤 것이든 괜찮아요. 얼마나 궁금한 게 많겠어요! 조금 더 살아 본 저도 여전히 세상에 궁금한 게 무척이나 많은걸요. 참지 말고 물어보세요. 내가 생각하기에는 바보 같은 질문일지라도 막상 꺼내어 보면 상당히 좋은 질문이 많습니다. 머릿속 검열자를 무시하세요.

예를 들어, 제 수업의 수강생이 바보 같은 질문이라고 여기면서 물어보는 것 중에는 이런 질문이 있어요. "펜을 물고 발음 연습하는 게 도움이 되나요? 제가 잘 모르는데, 방송에서 여러 번 본 적이 있어서요." 참고로 질문할 때 "제가 잘 몰라서요"라는 표현은 안 해도 돼요. 질문 자체가 몰라서 묻는 거 잖아요. 모른다는 말은 나를 깎아내리는 표현이라 좋지 않아요. "궁금한 게 있는데요"라고 표현하는 게 더 낫습니다.

다시 돌아가서, 이 질문은 실제로 많은 사람이 궁금해해요. 그런데도 크게 중요하지 않으니까 묻지 않았는데, 누가 물어보니 다들 궁금한 눈빛으로 저를 쳐다봤어요. 저는 여기에 대해 답했고, 효과적인 발음 연습법까지 알려 줬어요. "그건 방송에서 연출하는 거고요. 실제로는 하지 않아요. 발음을 잘하려면 턱을 벌리는 게 중요해요." 다들 도움이 되었겠죠? 그러니 용기 내서 물어보세요.

선생님이 예뻐하는
학생의 태도

선생님이 공부 잘하는 애만 예뻐하는 것 같아 속상할 때가 있어요. 나는 공부를 그렇게 잘하는 편은 아닌데, 어떻게 하면 선생님 눈에 들까요?

초롱초롱한 눈빛으로 바라보기

선생님은 학생이 공부를 잘해서 예뻐하는 것만은 아니에요. 선생님이 맡은 학생이 좋은 성적을 내니까 뿌듯한 거예요. 그런 기분을 만들어 주는 학생이라 좋은 거죠. 선생으로서의 책무를 잘 해내고 있다는 것이 공부 잘하는 학생으로 증명되기 때문이에요. 그러나 이게 전부는 아니에요. 인간이 가장 인간다울 때, 순수하고 그 자체로 예쁠 때가 있어요. 우리

는 사랑받기 충분한 존재라는 사실을 잊지 말아요.

그럼에도 학교생활에 유용한 선생님을 대하는 방법이 있습니다. 수업 시간에 선생님을 뚫어지게 봅시다. 허리를 꼿꼿이 세우고, 집중의 눈빛을 발산해요. 선생님의 눈을 보세요. 말하는 사람을 바라보는 것, 경청의 태도입니다. 만일 눈을 보는 게 불편하다면 상대방의 속눈썹 개수를 세어 보세요. 눈을 보는 게 점점 편안해져 자연스럽게 바라보게 될 거예요. 친구와 대화할 때 연습해 보세요.

눈을 바라보는 것만으로 예쁨받는다

저는 고등학교 수업 시간에 박수를 받은 적이 있어요. 공부를 잘하거나 발표를 잘해서가 아니에요. 체육 시간 이후라서 친구들이 다 졸고 있었는데요. 저는 선생님을 뚫어지게 응시했어요. 그랬더니 갑자기 선생님이 "자, 홍수에게 박수!" 하는 거예요. 그러고는 말씀하셨어요. "홍수는 언제나 선생님의 수업을 열심히 들어 줘서 고마워."

그때 저는 눈을 바라보는 것만으로 누군가의 마음을 살 수 있다는 것을 알았어요. 교육하는 지금의 저는 당시 선생님의 마음에 더 공감해요. 수업하는 사람에게 열심히 수업을 들어 주는 사람만큼 고마운 사람이 없어요. 성적이 좋든 안 좋든 그건 별개예요. 만일 그 학생이 변화가 없더라도, 애정이 가요. 하나라도 더 알려 주고 싶어요. 열심히 하는 사람에게는 그만큼 더 주고 싶은 게 사람 마음이에요.

수업 시간에 필기하며 듣자

수업을 들을 때 기록하면서 들어 보세요. 요즘에는 AI(인공지능)가 발달해서 기록하는 일이 점점 줄어드는데요. 손으로 직접 쓰면서 들어 보세요. 훨씬 집중력이 생기고, 기억을 더 잘할 수 있어요. 손은 밖으로 나온 뇌라는 말이 있어요. 그만큼 손을 많이 쓰면 지성과 감성 발달에 도움이 되고 두뇌 계발을 촉진하는 효과가 있어요.

기자는 인터뷰할 때 종이와 펜을 들고 있거나 노트북으로 받아 적으면서 취재원의 이야기를 들어요. 쓰면서 듣는 자세만으로 상대방의 이야기에 집중한다는 것을 보여 줍니다. 특히 쓰면서 들으면, 말하는 사람은 말을 신중하게 하려고 노력해요. 자신의 말을 받아 적는 것을 알기 때문에 단어 하나를 고를 때도 고심하죠. 학교에서도 마찬가지입니다. 열심히 듣는 학생이 있으니, 선생님도 더 나은 말을 전하려고 노력할 거예요.

적절한 호응과 반응을 하자

저는 배우는 것을 좋아해요. '아하!' 하는 깨달음을 얻는 순간이 노는 것보다 더 즐거워요. 새로운 세상을 만나고, 물음표가 느낌표로 전환될 때의 쾌감은 상당해요. 많은 것을 알수록 쾌감은 늘어 가고, 또다시 새로운 것을 배우기 위해 기웃

거립니다.

　제가 오랫동안 교육할 수 있는 이유도 배움의 현장이기 때문일 거예요. 이 글을 쓰는 것도 여러분에게 유용한 대화법을 알려 주기 위함이지만, 저 역시 다시 배울 수 있어서 즐거워요. 제가 이 책을 쓰지 않았더라면 과연 청소년의 마음을 헤아리려고 했을까요? 다시 한번 청소년의 세계에 진입해 즐겁습니다. 그리고 수강생과 독자의 반응이 저를 더 정진하게 해요.

　수업 시간에 호응하고 반응해 보세요. 수업 도중에 감탄사가 나온다면 선생님은 즐거울 거예요. "아!", "음~", "오-" 짧은 감탄사를 선생님께 들릴 정도로 적당히 소리 내 보세요. 일부러 입을 꾹 닫고 참지 않아도 돼요. 이런 반응이 수업 분위기를 돋울 것입니다.

감사 인사는 사실 그대로 표현하자

　감사 인사를 할 때는 육하원칙으로 사실대로 말해 보세요. 그러면 선생님께 진심이 가닿을 거예요. 예를 들어, 선생님이 알려 준 방법으로 공부해서 좋은 결과가 나왔다면 그 사실을 그대로 표현합니다. 먼저 감사 인사를 한 다음 육하원칙으로 사실을 말하고, 끝으로 그 기분이 나에게 어떤 마음을 일으켰는지까지 말해 보세요. 저는 회사 생활을 할 때 선배한테 이렇게 했는데, 사랑받는 후배로 자리매김했답니다.

"감사 인사 선생님, 감사해요. 육하원칙-언제 지난주 어디서 과학 시간에 누가 선생님께서 무엇을 식물에 물 주는 법을 알려 주셨잖아요. 제 방에 있는 다육이가 시들해져서 죽은 줄 알았는데, 어떻게 선생님 말씀대로 창가에 두고, 매일 인사하고, 흙을 만져서 건조해지면 물을 줬거든요. 좋은 결과 그랬더니 살아났어요. 이 결과에 따른 마음 선생님 덕분에 이제 식물을 잘 키울 수 있어 기뻐요. 고맙습니다."

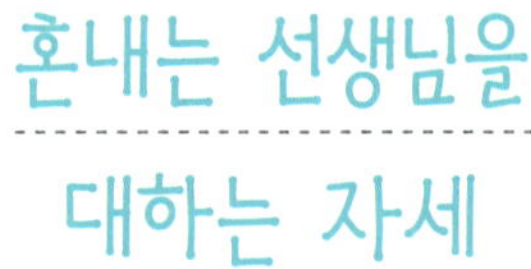

혼내는 선생님을 대하는 자세

학생을 따끔하게 야단치는 선생님이 있어요.

선생님 야! 너! 누가 이런 거 학교에 가지고 오래?

나 (왜 저래?)

별거 아닌 일로 심하게 화를 내는 선생님을 보면 인상이 찌푸려질 때가 있어요. 좋게 말하면 될 일을 고함을 치고, 학생들의 기를 죽여요. 가끔은 이렇게 화내는 선생님이 있으면 맞서고 싶은 마음이 들기도 해요. 이럴 때는 어떻게 대해야 옳은 방법일까요?

화를 화로 맞서는 것은 감정 소모를 일으킨다

어떤 상황이든 나를 지켜야 해요. 나는 나를 지킬 수 있는 사람이에요. 그런데 순간의 감정으로 선생님께 대들거나, 영상을 찍어서 증거를 남기고 교육청에 고소한다고 생각해 볼게요. 그 일이 나의 인생에 그렇게 중요한가요? 우리는 어떤 선택을 하든 나 자신에게 이로운 행동을 해야 해요. 그게 미래의 나에게 옳은 일입니다.

요즘은 선생님들이 "학생들 무서워서 교편을 잡기 힘들다", "교권이 떨어졌다"라는 이야기를 합니다. 학생들에게 기합을 주는 것은 엄두도 못 내고, 조금만 큰소리를 냈다가는 뒷일이 어떻게 될지 빤하니까 혼낼 일을 모른 체하기도 해요. 자녀를 한 명만 키우는 부모는 귀하게 키운 내 아이를 선생이라는 이유로 크게 혼낸 사실에 분개해서 화를 내기도 합니다. 저는 이런 뉴스를 볼 때마다 더 나은 해법은 무엇일까 고민하지 않을 수 없습니다.

넉살은 관계를 유연하게 만드는 기술이다

저라면 '넉살'을 부릴 거예요. 넉살은 부끄러운 기색이 없이 비위 좋게 구는 짓이나 성미를 뜻해요. 유의어에는 '너스레'라는 말도 있는데요. 너스레는 수다스럽게 떠벌려 늘어놓는 말이나 짓을 뜻합니다. 넉살이나 너스레를 떠는 것은 예를 들어 이런 거예요. 만약 선생님이 큰소리를 내려고 한다면 "에이~ 선생님, 제가 잘못했어요. 기분 푸세요. 네?" 하는 거죠.

　　폭력은 어떤 이유로든 해선 안 되지만, 제가 학생일 때는 학교에 체벌이 있었어요. 선생님이 자주 매를 들었고, 손이나 발을 이용해 막무가내로 때리기도 했어요. 저는 그 사실이 마음에 들지 않았어요. 그래서 저만의 반항으로, 맞아도 아픈 티를 내지 않고, 이를 악물고 참았어요. 그랬던 제가 저라면 넉살로 대응하겠다고 말하는 이유는, 제 인생에 중요하지 않은 일에 감정 소모를 하지 않고, 일을 키우지 않기 위해서입니다.

그렇다고 해서 잘못된 관행을 못 본 체하자는 게 아닙니다. 문제를 바로잡으려면 해결할 수 있는 곳에서 합리적인 설득으로 변화를 이끌어야 합니다. 그렇지 않은 곳에서 열을 내봤자 문제는 해결되지 않고 계속 반복됩니다. 저는 그 시절, 나름의 반항을 했지만, 이제는 다정한 세상을 만들기 위해 이처럼 폭력에 반대하는 목소리를 내고, 다정한 설득의 언어를 널리 알리는 데 힘쓰고 있습니다. 내가 진짜 이루고자 하는 데 에너지를 써야 합니다. 얕은 수준의 마찰과 갈등은 넉살로 수월하게 해결하세요. 그래야 우리의 힘을 소중한 데 쓰도록 비축할 수 있습니다.

넉살은 관계를 유연하게 만드는 기술이다

넉살은 사회생활에서도 유용해요. 어른도 불편한 상황에서 어떻게 대처할지 몰라 감정적으로 치닫거나 회사에서 다툴 때가 있어요. 그러나 사회는 잘잘못을 떠나 다투는 것 자체를 좋게 보지 않습니다. 마찰을 일으킨 당사자들을 문제가 있다고 의식하기 때문이죠. 그러니 사회에서도 유용한 기술인 넉살을 어린 시절부터 익히는 건 어떨까요? 만일 어머니가 혼내면서 "너 또 말썽이야!"라고 하면 "내가 뭘!"이라면서 화내지 말고, 웃으면서 "우리 어머니가 왜 또 기분이 언짢아지셨을까?", "누가 우리 어머니 기분을 언짢게 했어요?"라고 말해 보는 거예요.

무조건 단호한 태도는 관계를 서먹하게 만들거나 절단하기도 해요. 단호함을 바로 보여 주기 전에 부드럽게 경고할 수 있는 상황이라면 넉살을 시도해 보세요. 친구 관계에서도 적용할 수 있어요. 짜증을 자주 내는 친구가 있다면, 친구에게 단호하게 "하지 마"라고 말하기 전에 넉살로 부드럽게 말할 수 있어요. "어머, 깜짝이야. 우리 홍수가 왜 또 기분이 상했을까?" 친구가 짜증 내는 것을 인지하게 말하면서도 사이를 해치지 않고 대화할 수 있습니다.

만약 크게 야단치는 선생님 때문에 마음이 상했다면 슬플 거예요. 그런데 내가 잘못해서 선생님이 그러는 게 아닐 수 있어요. 나와 상관없이 선생님은 자신이 혼내야 학생을 좋은 길로 인도할 수 있다고 여길 수 있습니다. 선생님이 많이 혼나면서 자랐기 때문일지도 몰라요. 그게 맞는 줄 알고 그렇게 하는 거죠. 누군가를 따라 하는 것일 수도 있고, 자기도 모르게 따라 하는 것일 수도 있어요.

그런 선생님은 다정하지 않아 보이는데요. 다정한 말을 잘 하지 못하는 이유는, 다정한 마음을 자주 접하지 못했기 때문이에요. 그러므로 선생님이 크게 야단친다고 자책할 필요는 없어요. 객관적으로 상황을 바라보면서 내가 발전할 수 있는 말은 받아들이고, 그 이상으로 분풀이처럼 느껴진다면 흘려보내세요. 기준은, 내 마음이 다치지 않았는지 살피는 것입니다.

빨리 어른이 되고 싶을 때가 있어요. 어린아이 취급을 당할 때가 그렇습니다.

나　저도 다 알아요.

선생님 알긴 뭘 알아. 시끄럽고 가서 얼른 공부나 해.

나도 알 만큼 컸어요. 내가 어떻게 태어났는지, 서로 좋아하는 게 어떤 마음인지, 도전에 실패했을 때의 쓴맛 같은 것들을 알아요. 그런데 선생님도, 부모님도, 내가 아직 아무것도 모르는 어린애인 줄 알아요. 그럴 때는 챗지피티(ChatGPT, 인공지능 채팅 앱)와 대화하는 게 편해요. 무슨 말을 해도 잘 들어 주니까요. 어떻게 하면 나도 존중받을 수 있을까요?

답은 한 가지입니다. 책임감 있는 모습을 보여 주세요. 자의식이 생기면 어떤 하루를 보낼까, 인지하지요. 하루가 무지 길게 느껴지기도 해요. 저는 어렸을 때 하늘을 보면서 무료한 날들에 지쳐 갔어요. 일상이 따분하고, 내일도 같은 하루가 펼쳐질 것을 생각하면 전날부터 지루했어요. 이런 기분 탓에 할 일을 미루기도 했어요. 어차피 내일이 오는 거, 내일 하자! 그런데 우리가 하루빨리 되고 싶어 하는 어른은 실제로 어떻게 생활할까요?

존경할 만한 어른은 할 일을 미루지 않아요. 정확히는 미룰 수 없어요. 내일은 내일의 업무가 쏟아지기 때문이에요. 오늘 할 일을 내일로 미루면 일은 산더미로 불어나서 나를 집어삼켜요. 회사 일, 인간관계, 집안일 등등. 이 많은 일을 해치우는 방법은 '제때 끝내는 것'이에요. 부지런해지는 게 최선입니다. 어른은 대체로 아침 일찍 일어나 하루를 시작해요. 시간을 잘 활용하기 위해서입니다. 그렇게 오늘 할 일을 오늘 끝냅니다.

만약 아침에 일어나는 게 너무 힘들다면

저는 학창 시절에 아침에 일찍 일어나는 게 힘들었어요. 만약 저처럼 아침이 유독 힘들다면 기뻐할 만한 이야기가 있어요. 우리가 아침 일찍 일어나는 게 힘든 이유는 조상 때문이래요. 인간이 동굴에서 지내던 시절, 한 사람은 동굴 밖에서 보초를 서며 위협적인 것들로부터 잠든 가족을 지켰어요. 바로 그 조상에게서 태어났기 때문에 아침에 잠이 오고, 밤에 생생하게 깨어나는 거예요. 게을러서가 아닙니다. 저는 이걸 알고 무척 기뻤답니다.

그렇다고 아침에 늦게 일어나 밤에 일할 순 없었어요. 왜냐하면 학교가 오전 9시에 수업을 시작하듯 사회에 많은 조직이 9시에 업무를 시작해요. 월요일에 일하고 싶지 않아도, 월요일부터 한 주를 출발하는 조직이 숱합니다. 저는 사회인이 되면서 점점 부지런해지더니, 사업하는 지금은 새벽 6시면 업무를 시작합니다. 새벽이 가장 생산성이 높아 일을 빨리 끝낼 수 있기 때문입니다.

꿈이 나를 부지런하게 만든다

꿈이 생기면 부지런해질 수 있어요. 꿈을 이루는 방법은 시간을 내 편으로 만드는 거예요. 저는 아나운서로 합격한 신입 시절에 유능한 앵커로 자리매김하고 싶었어요. 오전 7시까지 회사에 가서 새벽에 배달된 신문을 제일 먼저 읽었어요. 새벽녘에 떨어진 이슬을 머금은 찬 공기가 그토록 상쾌했던 적은 처음이었어요.

여러 언론사의 신문을 읽고 업무를 시작하면 제가 보도할 뉴스가 잘 이해됐고, 뉴스를 전할 때 자신감이 있었어요. 제가 알고 있는 소식을 전하는 것과 기자가 취재해 온 기사를 그냥 전달하는 것은 말의 힘에 현격한 차이가 있습니다.

사업을 시작하고는 더욱 부지런해졌어요. 저는 하루에 더 많은 사람을 만나 말 잘하는 방법을 전하고 싶었어요. 서울에 거주하지만, 거제도, 제주도, 광주광역시 같은 먼 곳에서도 강의 요청이 오면 달려갔어요. 강의를 준비하기 위해 휴일이나 주말을 이용해 강의안을 만들었어요. 그러다 보니 점점 일이 늘었고, 생산성을 늘리는 방법을 찾는 데 골몰했어요. 비로소 새벽을 차지하는 즐거움을 깨달았고요. 이 책도 모두 새벽에 썼습니다.

꿈을 꾸세요. 꿈이 무엇이든 나를 행복하게 하면 좋겠어요. 상상해 보세요. 나는 무엇을 할 때 행복한가요? 어떤 미래에 발을 딛고 있을 때 얼굴 전체에 웃음이 날까요? 그 꿈을 품고, 그리고, 말하세요. 무엇이든 이룰 수 있습니다. 꿈이, 이른 아침 침대를 박차고 나오게 할 거예요.

시간을 내 편으로 만들자

모두에게 똑같은 시간이 주어집니다. 시간을 어떻게 활용하느냐에 따라 우리는 다른 사람이 될 수 있어요. 내가 생각지 못한, 상상조차 하지 못한 위대한 모습으로 성장할 수 있습니다. 저는 어렸을 때 훗날 제가 아나운서가 될 줄도, 작가가 될 줄도, 사업가로 성장할 줄도 몰랐습니다. 제 주변 사람도, 심지어 가족도요.

제가 가장 행복한 순간은 글을 쓰는 시간인데요. 미래의 독자를 상상하면서 고요히 집필합니다. 글 쓰는 일은 제가 기뻐서 하는 행동이기도 하지만, 강한 책임감을 느끼기에 계속해서 글을 씁니다. 이 책의 독자에게 긍정적인 영향을 미치고 싶다는 책임감이 저를 부지런히 움직이게 합니다. 시간을 귀하게 쓰세요. 그렇게 책임감 있는 모습을 보이면 선생님께도 부모님께도 친구들에게도 존중받을 수 있습니다.

어른을 공경하는 정중한 대화법

선생님께 말할 때면 눈치가 보여요. 자주 지적을 받았기 때문이에요.

나　선생님, 여기…….

선생님　선생님께 말할 때는 말을 끝까지 해야지. 다시 이야기해 봐.

선생님과 대화할 때는 어떻게 말해야 할까요? 꼭 알아 두면 좋은 높임법이 있어요.

말을 끝맺는 것만으로 존댓말이 완성된다

우리나라에는 반말과 존댓말이 존재하죠. 존댓말은 말끝에

'-니다', '-요', '-죠' 등이 붙습니다. 말을 끝맺지 않으면 반말처럼 들릴 수 있어요. 예시처럼 "여기……."까지 말하고 뒷말을 생략하면 반말처럼 들려요. 그래서 선생님이 알려 주는 거예요. 이럴 때는 '-요'만 붙여도 존댓말이 완성됩니다. "선생님, 여기요."

'-니다'를 써야 높임말이 아닌가? 하고 생각할 수 있어요. 높임의 수준으로 따지면 '-니다'가 '-요'보다 높기는 합니다. 그런데 늘 깍듯한 높임법을 써야 하는 건 아니에요. 높임 표현을 고르다 보면 말문이 막히면서 소통이 원활하지 않게 돼요. 반드시 깍듯한 존댓말을 쓰지 않아도 돼요. 이를테면 "여기요", "여기 있습니다" 둘 다 써도 된다는 이야기입니다. 말을 잘 끝맺기만 하더라도 높임 표현이 되고, 그것만으로도 어른을 공경하는 표현이 됩니다.

꼭 알아 두면 좋은 높임 표현

'고맙습니다'와 '감사합니다'를 두고, 어른에게는 '감사합니다'라고 말하는 게 예의라고 하는 경우가 있어요. 그렇지 않습니다. '고맙다'와 '감사하다'는 높낮이가 다르지 않아요. '고맙다’는 순우리말, ‘감사하다’는 한자어라는 점이 다릅니다. 국립국어원에서는 순우리말을 먼저 쓸수록 우리말이 더 풍요롭게 전파될 수 있다고 말합니다. 이에 따라 뉴스를 마칠 때 앵커는 “시청자 여러분, 고맙습니다”라고 인사합니다.

‘수고하셨습니다’와 ‘고생하셨습니다’를 두고, 어른에게는 ‘수고하셨습니다’라는 말을 쓰는 게 예의가 아니라고 말하는데요. 국립국어원에서도 단어의 뜻에 차이는 없지만, 사회적으로 통용된 인식에 따라 ‘수고하다’는 직급이 높거나 나이가 많은 사람에게 쓰지 않는다고 말합니다. 저는 나이나 직급과 관계없이 이 말을 자주 쓰지 않아요. 왜냐하면 ‘수고’나 ‘고생’은 힘든 일이나 어려운 일을 겪었다는 무거운 뜻이라서, 인사말로 기분 좋은 의미는 아니기 때문이에요. 저는 헤어질 때 기분 좋은 의미를 담아 “내일 또 봐요. 고맙습니다”라고 인사합니다.

알아 두면 유용한 정중한 표현

‘정중하다’라는 말은 예의라기보다는 매너에 가까운데요. 정중한 표현은 말하는 사람의 됨됨이를 격식 있게 만들어 줍

니다. 예를 들어, 질문할 때 "선생님, 이건 어떻게 하는 거예요?"라고 할 수 있는데요. 정중하게 바꿔 볼까요?

"선생님, 5분 정도 시간 내어 주실 수 있으세요? 제가 고등학교 진로에 대해 궁금한 게 있어서요. 선생님께 답을 얻을 수 있다면 정말 기쁘겠습니다."

"선생님, 질문 하나 드려도 괜찮을까요? 수업 때 듣고, 궁금한 점이 생겨서 여쭙고 싶어서요."

이 표현은 처음 보는 어른에게도 유용합니다. 병원에서 진료가 끝나는 시점에 궁금한 것을 물을 때 쓰기 좋아요. "원장님, 마지막으로 한 가지 여쭤볼 수 있을까요? 감기에 걸리지 않으려면 오늘부터 무엇을 먼저 하는 게 좋은가요?" 바쁜 의사의 시간을 절약하면서 내가 원하는 것을 알 수 있어요.

예의 있게 인사하는 법

눈으로 보이는 인사도 중요합니다. 친구들과 한창 신나게 웃고 떠들며 장난치고 있다가 선생님이 지나가는 상황을 가정해 볼게요. 예의 있는 인사는 동작을 멈추고, 자리에서 일어나 선생님께 공손하게 인사하는 것입니다. "정흥수 선생님, 안녕하세요." 소리 내어 인사말을 한 뒤에 고개를 숙여서 인사하세요. 말과 동작을 분리하면 잘 들립니다. 참고로 이 인사법은 발표하러 나와서 인사할 때도 활용해 보세요.

친한 선생님이라면, 그 선생님이 학생들과 친구처럼 가깝게 지내려고 한다면, 반갑게 인사하며 친근함을 표현해도 좋아요. 고개를 숙이고 인사한 다음에 손을 흔드는 거예요. 친구들과 손으로 '안녕' 인사하는 것처럼 선생님께 인사해도 괜

찮습니다. 친밀한 사이일수록 우리만의 언어가 생기는 법이
니까요.

인사를 자주 하는 습관을 기르자

매일 보는 부모님께도 인사를 자주 하세요. 그러면 내 마음
을 표현하는 능력이 길러집니다. 이 능력은 사람의 마음을 움
직이게 하고, 나에게 행복을 주는 일들을 만들어 줘요. 부모
님은 한집에 살아서 가끔 얼마나 소중한지 잊기도 하는데요.
타인보다 잘해야 하는 사람은 바로 가족입니다. 부모님은 나
의 반가운 인사 한마디만으로도 오늘 하루를 살아 낼 큰 힘을
얻습니다.

"아빠, 안녕히 주무셨어요?"

"엄마, 오늘도 제 곁에 존재해 주셔서 감사해요. 엄마가 있어서
제가 세상을 얻었잖아요."

"좋은 아침이에요. 오늘도 엄마, 아빠와 함께할 수 있어서 얼마나
고마운지 몰라요. 사랑해요."

선생님께
건의 사항이 있다면

수업 시간에 떠드는 친구들이 있어요. 선생님께 이야기합니다.

나 선생님, 나영이랑 혜미가 수업 시간에 계속 떠들어요. 다른 애들은 공부하는데 둘이 계속 떠드니까 집중이 안 돼요. 쪽지를 주고받으면서 수군거려요.

선생님 그래, 선생님이 대화해 볼게.

선생님께 이야기해서 속이 시원한데요. 조금 겁이 나기도 해요. 나영이와 혜미가 이 사실을 알면 관계가 불편해질까요? 더 나은 방법이 있을까요?

불평은 내가 마음에 안 든 부분을 이야기하는 것

불만을 이야기하는 건 불평하는 거예요. 우리는 좋지 않은 것, 내가 기분 나쁜 것에 대한 표현은 잘합니다. 어른도 마찬가지예요. 잘못한 사람에게 잘못한 점을 조목조목 짚는 건 잘합니다. 그런데 왜 그래야 하는지, 무엇이 더 나은 방법인지, 그래서 어떻게 하라는 건지 물으면 "그건 네가 알아서 찾아봐야지"라고 하기도 해요. 이건 무용한 대화예요.

불만은 내가 원하지 않는 것에서부터 기인합니다. 그러니까 '원하는 것'이 누구에게나 있는데요. 불평이나 불만이 나오는 이유는 원하는 것이 충족되지 않아서예요. 예시에서는 수업을 불편하게 만든 원인 제공자인 나영이와 혜미를 탓하지요. 그러면 선생님은 '친구 사이가 안 좋아졌나?' 생각할지도 몰라요. 그런데 진짜 내가 바라는 것은 친구들이 수업 시간에 떠들지 않는 건가요?

원하는 것을 정확하게 요구하기

아마 내가 진짜 원하는 것은 공부에 집중하는 분위기일 것입니다. 그건 혜미와 나영이와 상관없이, 예전부터 내가 원하는 것이에요. 앞으로는 원하는 것을 먼저 말하세요. 요구를 먼저 한 뒤에 이유를 덧붙이면 듣는 사람은 더 빨리 변합니다. 타당한 이야기로 들리기 때문이에요. "나영이랑 혜미가 떠들어요"라는 불평의 말을 바꿔 볼까요? 요구를 먼저 하면 이렇게 바뀝니다.

"선생님, 수업에 집중하는 분위기를 만들어 주시겠어요?"

이어서 "나영이와 혜미가 수업 시간에 떠들어서요"라고 불평하며 원인을 늘어놓는 대신에 내 안에서 이유를 찾아보세요. 주어를 '나'로 하고, 내가 원하는 것에 집중해서 말합니다. 이렇게 말하면 선생님은 학생들 관계의 문제로 보지 않고, 학습 분위기를 위해 노력할 거예요.

"저는 학교에서 수업 시간에 선생님들의 이야기를 처음부터 끝까지 놓치고 싶지 않아요. 공부가 재미있고, 이제 곧 시험이라 좋은 성적을 내고 싶어요. 선생님께서 도와주시기 바랍니다."

나는 나를 통제할 수 있다

원하는 것을 바라보면 주변 상황에 감정이 흔들리거나 불만이 생긴 원인이 내 안에 있다는 사실을 알아차립니다. 앞으로도 감정에 변화가 생길 때 마음의 소리에 귀 기울이세요. 서운한 마음이 들거나 외로운 기분이 들거나 신경을 긁는 게 있거나 슬퍼지려고 할 때, 타인을 찾거나 타인을 탓하기 전에 내 안의 이야기에 주목하세요. 그러면 누군가를 공격하거나 원망하지 않을 수 있습니다.

저도 예전에는 거슬리는 행동을 하는 사람이 있으면 뾰족하게 말하곤 했는데요. 이제는 '내가 원하는 것은 무엇이지?'

스스로 묻습니다. 그 결과 인간관계가 원만해지고, 감정의 기복이 줄어서 일상에 평온이 스며들었습니다. 나는 나를 통제할 수 있습니다. 이 훈련을 통해 인간관계에서 일어나는 마찰을 줄일 수 있습니다.

일상에서 불평 대신 요구하는 습관을 들이기

인간은 희망을 좇으며 살아요. 희망은 긍정적입니다. 오늘보다 내일이 더 나을 거라는 희망. 말하지 않아도 우리 안에 희망이 있어요. 그 부피는 사람마다 다르겠지만요. 대화도 희망적인 주제가 좋습니다. 밝고 따뜻한 이야기에 끌리는 건 자연스러운 현상이에요. 인생 영화를 꼽을 때 많은 사람이 희망적이고, 삶에 긍정적인 영향을 미친 영화를 이야기해요. 예로 들자면 〈인생은 아름다워〉, 〈포레스트 검프〉 같은 영화요. 여러분에게도 꼭 추천하고 싶은 명작이에요.

일상에서 불평이나 불만을 표출하기보다 원하는 사항을 말하세요. 저는 "짜증 나"라는 말도 끊었습니다. 짜증만 더 나고 문제는 해결되지 않는다는 것을 알았기 때문이에요. 내 귀에 들리는 부정적인 말은, 나를 더 부정적으로 만들 뿐입니다. 내가 부정적인 말을 가장 많이 하는 대상은 가족일 텐데요. 가족과 대화할 때 언어 습관을 긍정적으로 바꾸려고 노력해 보세요.

예를 들어, 어머니가 시금치를 먹으라고 해요. "먹기 싫어"라고 불평했다면 앞으로는 원하는 것부터 말하세요. "나는 떡볶이 먹고 싶어"라고 말하는 것입니다. 어머니가 떡볶이는 나중에 먹으라든지, 건강을 위해 시금치를 먹어야 한다고 하면, 어머니를 설득해 보세요. 원하는 것을 정확하게 요구하면 설득에 성공할 수 있습니다.

"그럼 지금 시금치를 먹고 저녁엔 떡볶이를 먹을까요?"

3장

사랑하는 가족과
사이좋게 지내는 대화법

부모님을 설득하는
현명한 방법

나는 춤을 추는 게 즐거운데요. 부모님은 내가 춤추는 것을 못마땅해해요.

나　엄마, 나 학교에서 춤추고 박수받았어.

엄마　그래, 잘했네. 수학 학원은 몇 시에 가?

나　이제 가려고요.

엄마는 내가 춤을 추는 게 마음에 들지 않을까요? 내가 행복한 건 무대에서 춤을 추는 순간인데 엄마는 왜 공부 이야기만 할까요? 어떻게 말하면 부모님의 지지를 받을 수 있을까요?

자녀를 반대하는 부모님

자녀가 무언가를 시도하려고 하면 부모님이 반대할 때가 있어요. 제 지인은 고등학교 3학년생 아들을 둔 엄마인데요. 아들이 친구들과 새벽에 유성우를 보러 가도 되냐고 해서 말렸어요. "새벽에 너네끼리 갔다가 사고라도 나면 어떡해?", "유튜브로 볼 수 있는 방법은 없어?" 아빠는 더 나아가서 꾸짖었어요. "고3이면 공부할 시간도 부족한데, 유성우? 생각이 있는 거야?"

엄마인 그는 출장에 가느라 아들 일행과 동행할 수 없었어요. 남편도 아침에 일찍 출근해서, 평일 새벽에 함께 다녀오는 건 무리였어요. 그렇다고 보호자 없이 아이들끼리 보내자니 위험해서 안 된다고 판단했어요. 아들의 입장은 어땠을까요? 유성우가 그날 그 시간에 떨어져서 친구들한테 보러 가자고 제안했고, 친구들의 부모님은 허락했는데, 자신의 부모님이 반대하는 바람에 못 갔으니 속상했겠지요. 결국에 아들은 포기했고, 시무룩한 채 지냈어요.

자녀를 못 믿어서가 아니라 부모님이 불안해서

부모님이 반대하는 이유는 자녀인 우리를 못 믿어서가 아니에요. 본인들이 불안해서입니다. 부모님도 부모가 처음이 잖아요. 부모에게 가장 중요한 것은 아이들이 안전하게 잘 살아가는 거예요. 생명이 너무나도 중요한 거죠. 앞날은 어떻게 될지 아무도 몰라요. 그러니 조금이라도 자녀에게 위험하거나 걱정이 되면 못 하게 말리는 것입니다.

저희 부모님도 여러 가지를 말렸어요. 앞의 예시처럼 저는 춤을 좋아했는데요. 어느 날 연예기획사에서 받은 명함 여러 장을 부모님께 건넸어요. 부모님은 단칼에 거절하면서 말씀하셨어요. "사기다." 저는 그 말 한마디에 춤을 일로 만들 생각을 하지 않았어요. 반대를 무릅쓰고 기획사에 찾아가 오디션을 볼 수도 있잖아요. 그런데 그렇게 하지 않았죠.

설득하는 사람이 되기

만약 과거로 돌아갈 수 있다면 저는 제 마음의 소리를 듣고, 부모님을 설득할 것입니다. 부모님의 불안을 공감하고, 그 불안을 잠재우는 이야기를 할 거예요. 설득은 내가 원하는 길을 갈 수 있는 해결책이에요. 설득하기 위해서는 '이걸 하면 상대방이 무엇을 얻을 수 있는가'에 대한 답을 말하면 됩니다. 부모님이 원하는 것을 알아내는 게 설득의 첫걸음입니다.

저는 어릴 때 부모님을 설득할 생각을 하지 않은 채 '나를 지지해 주지 않는다, 나를 응원해 주지 않는다'는 생각에 속상했어요. 세상에 내 편이 없는 것 같다는 기분까지 느꼈습니다. 그런데 그게 아니라는 사실을 깨달은 뒤로는 제가 하고 싶은 게 있다면 설득하기 시작했어요. 그랬더니 잘 통해요. 예를 들어, 이렇게 말할 수 있어요.

"나의 진심으로 설득하기 저는 춤을 출 때 가장 행복해요. 우려하시는 점 이해해요. 불안을 잠재우는 이야기로 설득하기 그런데 저는 엄마 아빠의 딸이잖아요. 강한 체력과 정신력까지 있어요. 체계적인 계획으로 설득하기 작품을 선택할 때 부모님과 상의할게요. 저를 청소년 때까지만 지지해 주시면, 성인이 되어서는 부모님이 제게 보내 주신 지지를 바탕으로 성공해서 호강시켜 드릴게요. 그동안 저는 연습생으로 춤과 노래를 익히고, 하루빨리 데뷔할 수 있도록 노력할게요."

부모님의 생각을 물어보기

부모님의 반대에 직면하면, 순간 서운한 마음에 대화를 멈추게 됩니다. 이제부터는 부모님이 나를 못 믿어서가 아니라 당신이 불안해서라는 걸 알았으니, 그 불안을 들여다보세요. 그러면 설득의 기회를 잡을 수 있습니다. 예시 속 엄마는 딸의 이야기에 대충 대답하고 학원에 몇 시에 가는지 물었는데요. 내 말에 동조를 안 해 준다는 사실에 시무룩해지기보다 이렇게 질문할 수 있겠죠.

나   엄마, 나 학교에서 춤추고 박수받았어.

오해는 서로의 마음을 몰라줘서 일어나는 게 아닙니다. 서로의 마음을 들여다보려는 노력을 하지 않아서 생기는 거예요. 인간은 연약합니다. 나를 태어나게 한 부모님은 강인하지만, 그만큼 연약해요. 나를 지켜야 하기에, 내가 너무 소중하기에, 나를 잃고 싶지 않아서 불안이 큽니다. 나를 가져서 불안한 거예요. 사랑의 마음입니다. 불안한 부모님을 보듬어 주세요.

부모님께
신뢰를 얻는 법

시험을 앞두고 부모님과 식사하면서 대화를 나눕니다.

아빠　시험공부는 많이 했어?

나　이번 시험은 안될 것 같아.

아빠　그게 무슨 말이야?

나　나는 공부해도 안돼. 못하는 사람인가 봐.

아빠　노력을 해야지, 못한다고 포기하면 어떡해?

대화할수록 부모님과의 사이가 멀어져요. 어떻게 하면 부모님과 더 나은 대화를 할 수 있을까요?

나는 사실 시험을 잘 보고 싶어요. 시험공부를 열심히 했거든요. 부모님이 아는 것 이상으로요. 지난번 중간고사에서 수학 점수가 예상보다 나빠서 무척 속상했어요. 그런데 부모님은 나보다 더 속상해했어요. 이번 시험에서는 좋은 성적을 얻어 부모님을 기쁘게 해 드리려고 열심히 공부했는데요. 막상 시험 기간이 닥치니까 불안해요. 모의시험도 풀어 봤지만 첫 문제부터 막히고, 점수가 썩 잘 나오지 않았어요. 기말고사에서도 왠지 점수가 안 좋을 것 같아요.

이런 불안한 상상 탓에 부모님의 기대를 낮추려고 거짓말을 합니다. 점수가 떨어져서 부모님이 실망하는 모습을 보고 싶지 않고, 공부해도 잘 안되는 내 모습이 마음에 들지 않고, 공부하라는 잔소리도 듣기 싫어요. "나는 못하는 사람"이라고 말해 버리면 이런 불편한 감정을 겪지 않아도 될 것 같아요.

나는 사실 두려운 거예요. 불안한 상상이 현실로 닥치는 순간을 맞이할 용기가 없어 애초에 포기하려는 것입니다.

진짜 속마음을 부모님께 말하지 않으니까, 부모님이 나를 혼내는 거예요. 자녀가 나약한 모습을 보이니까 바로잡아 주고 싶어서 그래요. 부모에게 중요한 건 자녀가 스스로 단단하게 자라는 모습입니다. 이번 성적도 못 나올까 봐 혼내는 게 아니라 시험 하나 때문에 나약해지고, 해 보지도 않고 포기하려는 모습을 바꾸려는 거예요. 부모님의 기대에 부응하려 애쓰기보다 나 자신에게 집중하세요. 그러면 두려움도 이길 수 있습니다.

저는 어릴 때 시험이 두려웠어요. 수능은 일생에 한 번뿐인데, 단 한 번으로 인생이 결정되는 게 무서웠어요. 수능을 치른 이후 사회에 나와서도 여러 자격시험을 볼 수 있었지만, 웬만하면 응시하지 않았어요. 친구가 같이 준비하자고 하면 "관심 없어"라고 말했는데요. 사실은 자신이 없어서 미리 포기한 것일지도 몰라요.

인생에서 중요한 건 성적도, 자격도 아니에요. 살아가면서 겪는 실패나 성공은 살아가는 여정의 일부일 뿐이에요. 그 과정에서 어떤 것을 깨닫고, 어느 방향으로 나아가는지가 더 큰 의미를 가집니다. 무엇보다 중요한 건, 내가 나를 믿는 거예요. 내가 가는 길이 나의 목적지를 향해 있다는 믿음 말입니다. 내가 어디로 가는지, 인생을 어떻게 살 것인지 고심하다 보면 단단한 마음이 자라요. 그 순간 용감하게 두려움을 직면할 수 있습니다.

두려움만이 우리를 성장시킨다

살아가면서 겪는 많은 일은 우리에게 두려움을 안겨요. 처음 하는 일에 대한 두려움, 낯선 사람에 대한 두려움, 책임을 진다는 두려움, 말 한마디가 미칠 파장에 대한 두려움, 나를 바라보는 시선에 대한 두려움, 사람을 사귀는 일에 대한 두려움, 처음 가 보는 곳에 대한 두려움 등 수많은 두려움이 주위에 도사리고 있어요. 이 두려움을 뚫고 그 속으로 들어가면 새로운 세상이 펼쳐집니다. 그 세상은 경이롭다고 말하고 싶을 만큼 멋집니다.

내가 알던 세상이 전부가 아니라는 깨달음, 그것이 삶을 풍요롭게 만듭니다. 저는 지금 하와이의 와이키키 바다가 보이는 20층 숙소에서 이 글을 씁니다. 저 바다에는 수십 명의 서

퍼가 보드 위에 올라 파도를 기다리며 바다에 둥둥 떠 있어요. 이번 파도를 탈 수도 있고, 오늘 하루는 영영 파도를 못 탈 수도 있어요. 그래도 서퍼들은 도전합니다. 도전하지 않으면 바다가 보내는 파도를 잡고 그 물살을 올라타는 자연과의 일체감을 느낄 수 없어요. 그 짜릿한 쾌감은 도전한 자에게, 두려움을 직면한 자에게 선물처럼 주어집니다.

도전은 두려움을 동반합니다. 저는 이제 두려움을 사랑해요. 두려움만이 나를 성장시킨다는 말을 몸으로 깨달았기 때문이에요. 두렵지 않은 것은 쉬워요. 바닷가에 가면 서너 살 꼬마가 모래놀이를 합니다. 그런데 청소년인 여러분이 바다에 가면 모래를 가지고 노나요? 친구들을 물에 빠트리고, 바다로 뛰어들어 헤엄치고, 물고기를 구경하고, 거북이를 보러 탐사에 나설 것입니다. 왜 그럴까요? 어렵기 때문이에요. 그래서 재미있는 거예요. 어려운 무언가를 해낸 성취감은 몸에 각인돼 우리를 자꾸 미지의 세계로 끌어당깁니다.

두려움 속으로 뛰어들기

두려움 속으로 뛰어드세요. 두려움은 내게 자극을 준다는

증거입니다. 그것을 해내면 어마어마한 성취감을 누릴 거예요. 내 기대보다 좋은 결과가 나오지 않아도 괜찮아요. 두려움을 향해 나아가는 동안 귀한 것들을 얻게 될 테니까요. 고통과 슬픔, 두려움, 좌절이 모두 자양분이 돼서 나를 단단하게 만듭니다. 저는 이 모든 것을 제 보물로 여겨요. 수없이 부딪히고, 깨지기를 바랍니다. 그렇게 단단해질 미래를 기대하면서 오늘도 두려움 속으로 뛰어드세요.

두려운 것이 있다면 글을 써 보세요. 머리는 불안한 상상을 만들지만, 가슴은 언제나 정면을 향해 앞으로 나아가라고 외칩니다. 손으로 직접 써 보는 것만으로도 두려움은 잠잠해져요. 문제의 핵심을 알면 해결할 용기가 생깁니다. 두려움을 직면하고, 부모님께 사실대로 말하세요. 그러면 부모님은 여러분을 신뢰할 것입니다. 두려움을 받아들이는 것만으로 단단한 사람으로 성장해 가는 내가 보일 테니까요.

아빠 시험공부는 많이 했어?

나 네, 지난번 시험 때 성적이 안 나와서 정말 열심히 했어요. 자는 시간을 줄여서 공부했어요.

아빠 그랬어? 전혀 몰랐네.

나 수학 시험이 걱정이에요. 공부를 많이 했는데, 결과가 나쁠까 봐 두려워요. 그래도 열심히 했으니 끝까지 최선을 다할 거예요. 정말 결과가 잘 나오면 좋겠어요.

아빠 잘할 거야. 최선을 다했으니까. 지금도 충분해. 공부보다 건강이 더 중요해.

부모님이 나를 미워한다는 생각이 든다면

과외 선생님과 대화를 나눴어요.

선생님 너희 어머니는 참 자상하시다.

나 그러면 뭐 해요. 엄마는 저 싫어해요.

선생님 엄마가 너를 왜 싫어해, 그런 엄마가 어디 있어? 왜 그렇게 생각해?

나 엄마가 이런 말을 한 적 있어요. "나는 왜 자식 복이 없나."

부모님이 나를 미워한다는 생각에 슬퍼질 때가 있어요. 괴로운 마음을 어떻게 없앨 수 있을까요?

부모님도 미숙합니다. 세상에는 멋진 부모님도 있지만, 자식의 마음을 아프게 하는 부모님도 많아요. "나는 자식 복이 없어.", "내가 왜 너 같은 자식을 낳았을까?", "엄마도 너 싫어.", "싫으면 네가 나가." 이런 말은 부모님이 내가 마음에 들지 않아서 하는 게 아니에요. 지금 부모님의 마음이 힘들어서 그럴 거예요. 살다 보면 지칠 때도 있고, 힘든 일도 있잖아요. 그럴 때 푸념처럼 나온 말일 거예요.

하지만 이런 말은 비난입니다. 부모님이 순간 감정이 격해져 말실수한 것입니다. 부모님이 하는 모든 말에 큰 의미를 두지 않아도 돼요. 비난하는 이유는 자신의 기분이 상한 원인을 상대방 탓으로 돌리고, 타인에게 나쁜 말을 하면서 불쾌감을 해소하려는 건데요. 옳지 않은 행동입니다. 이런 말을 흘려보내세요. 담배 연기처럼 해로워요. 나를 지키세요.

만약 부모님이 내 앞에서 "나는 자식 복이 없다"라고 말했다고 쳐요. 그럴 때는 말실수라는 것을 깨닫고, 그 말과 나를

분리해서 생각하세요. '엄마가 왜 나에게 저런 말을 하지?' 하는 생각을 멈추세요. '엄마는 왜 저런 말을 할까?' 나와 엄마를 분리해서 바라보세요. 나쁜 말에 선을 그어서 나에게 오지 않도록 하세요. 단호하게 듣지 않아야 하는 말들입니다.

그러면 상처받지 않고, 질문이 나올 거예요. 엄마의 감정이 누그러지면 물어보세요. "엄마는 왜 그런 생각이 들었어요?", "엄마는 왜 그렇게 말했어요?", "엄마는 어떤 자녀를 원해요?" 또는 힘들어서 그런 것일 수 있어요. "엄마, 힘든 일이 있어요?", "요즘 속상한 일이 있으세요?" 하고 물어보세요.

부모님의 사정을 조금만 말해 보자면

어른으로 살아가는 건 힘든 일이기도 해요. 어른들이 자주 하는 말이 있지요. "공부할 때가 제일 좋을 때다." 저도 어릴 때는 말도 안 되는 소리라고 여겼는데요. 커 보니까 알겠어요. 공부만 하면 되니까 하는 말이었어요. 어른은 할 게 많아요. 자기 발전을 위해 공부도 해야 하고요. 월마다 공과금을 내야 하고요. 자식이 있으면 돌봐야 하지요. 밥을 먹으려면 장을 봐야 하죠. 음식이 상하지 않게 해야 하고요. 화분에 물도 줘야 하고요. 청소도 해야 하고요. 배우자가 있으면 잘 지내려고 노력해야 해요. 생계를 스스로 책임져야 해요.

'공부할 때가 제일 좋을 때'라는 말은 무수한 뜻을 담고 있어요. "공부만 해서 정말 좋겠다. 돈 벌 걱정하지 않고, 생계를 위해서 누구한테 싫은 소리도 안 들어도 되고, 아직 사회에 대해 많이 알지 못해서 세상이 해맑아 보이겠지." 세상이 돌아가는 형편을 여러모로 깨달은 어른이 된 부모님은 마음 편히 공부만 하는 아이들을 보면서 이런 말을 해요.

그런데 분명히 말하고 싶은 게 있어요. 어른으로 살아가는 건 진짜 재미있어요. 자유가 주어지잖아요. 내가 어떻게 살지, 무엇을 먹을지, 누구를 만날지, 어디를 갈지 결정할 수 있습니다. 저에게 어릴 적으로 다시 돌아가고 싶냐고 물으면, 싫다고 할 겁니다. 지금 저는 제 삶의 방향키를 확실히 잡고 있기 때문이에요. 마치 드넓은 바다를 마음대로 항해하는 기분이에요. 이 방향키를 꼭 쥐고 있는 한, 거센 파도가 와도 뚫고 나아갈 거예요. 어른이 되는 건 신나는 일이에요.

나는 사랑받기 위해 태어났다

부모님이 거칠게 말하거나 나를 미워한다는 생각이 들게끔 행동할 때가 있을 거예요. 우선 연민의 마음을 가져 보면 어떨까요? 부모님이 나를 미워해서 그런 게 아니에요. 나라는 아이를 낳아서, 사는 게 더 힘들어져서 그러는 게 아니에요. 절대 스스로 탓하지 마세요. 나는 사랑하고 사랑받기 위해 태어났습니다. 인생을 즐기고, 세상을 놀이터처럼 재미있게 살기 위해서 태어났지요.

이 말을 꼭 기억하세요. 나는 부모님 덕분에 태어났지만, 부모님의 소유가 아니에요. 부모님이 하는 말로 나를 정의하지 마세요. 부모님 입에서 나오는 안 좋은 말은 부모님의 몫이에요. 왜 그런 말을 했을지 연민의 마음으로 궁금해하고, 마음을 털어놓도록 대화해 보세요. 이처럼 다정한 말과 행동이 부모님을 변화시킬 거예요.

그러나 만약 부모님이 폭력을 일삼거나 막말을 한다면, 단호하게 경고하세요. "하지 마세요.", "부모님이어도 해서는 안 되는 행동이 있습니다." 도움이 필요하다면 꼭 경찰이나 선생님께 알려 보호를 받으세요. 세상에는 좋은 어른도 많습니다. 혼자 앓지 말고, 도움을 청하세요. "부모님이 저를 때려요. 저는 부모님으로부터 보호 조치가 필요합니다. 도와주세요."*

* 힘든 일을 겪고 있다면 '청소년상담센터 1388'에 도움을 요청하세요. '1388'에 문자로 고민을 적어 보내거나, '지역번호+1388'을 눌러 전화를 걸어 보세요.

내가 원하는 것을
표현하기

여름 방학이에요. 아빠의 여름휴가에 맞춰서 강원도로 여행을 갔습니다.

아빠　왜 안 먹어? 회가 얼마나 맛있는데.

엄마　하나만 먹어 봐. 방금 잡은 거라 그런지 아주 쫄깃해.

나　저는 맛이 없어요.

엄마　그러면 동태찌개랑 밥을 먹을래?

나　동태찌개도 생선이잖아요. 싫은데.

부모님과 여행에 오는 건 좋은데요. 내가 좋아하지 않는 음식을 먹고, 매번 왔던 곳에 오니까 재미없어요. 다음 여행에는 공부한다고 하고, 집에 있겠다고 할까요?

말하지 않으면 알 수 없다

부모님은 자신이 원하는 대로 행동하는 게 아닙니다. 우리가 표현하지 않으니까 모르는 거예요. 회를 먹으라고 한 게 한두 번이 아닐 거예요. 맛없다고 표현해도 계속 먹으라고 하는 건, 편식보다는 골고루 먹는 게 좋기 때문일 겁니다. 또 그것이 최선이라고 여길 수 있어요. 자주 갔던 곳이고, 맛이 보장된 곳이니까요.

내가 원하는 것이 있다면 말하세요. 말하지 않으면 알 수 없습니다. "맛없다"라는 표현으로 '회를 먹기 싫다', '회를 안 좋아한다'라는 뜻은 전달됐지만, 무엇을 원하는지는 말했나요? 만약 "돈가스 먹고 싶어"라고 말해도 부모님이 안 들어줄 수 있어요. 그럴 때는 앞서 말한 것처럼 설득하는 방법이 있습니다. 어떤 순간이든 설득으로 상황을 바꿀 수 있어요.

원하는 것을 표현하기

내가 원하는 게 있다면 그게 무엇인지 정확히 표현하세요. "저는 소고기를 구워 먹고 싶어요." 여기에 더해 이유까지 말하면 타당한 주장이 됩니다.

"저는 회를 먹으면 몸이 차가워져요. 맛이 없을뿐더러 먹을 때 몸이 추워지니까 기분까지 차게 식어요. 그런데 소고기를 먹으면 고소하고, 몸에서 힘이 나는 기분이에요."

이렇게 말하면 '회를 먹기 싫다'고 말했을 때보다 소고기를 먹으러 갈 확률을 높일 수 있습니다. 단순히 편식하는 게 아니니까요.

여기서 한 걸음 나아가 원하는 것을 더 빨리 얻는 방법은 '대안'을 제시하는 것입니다. 소고기를 강원도에서 먹고 싶다면 내가 원하는 게 소고기라고 말한 후 검색해서 식당을 찾으세요. 부모님이 소고깃집을 찾을 수도 있지만, 원하는 사람이 찾으면 더 나은 대안을 발견할 수 있습니다.

“제가 찾은 소고깃집이 있어요. 숙소에서 5분 거리고, 가격도 저렴해요. 링크 보내 드릴 테니까 한번 보세요. 오늘은 횟집에 가고, 내일은 이 식당에 가는 게 어때요?”

서운한 마음이 들기 전에 요구하기

부모님께 서운한 마음이 든다면 내 마음을 몰라주기 때문일 텐데요. 부모님이 내가 말한 것을 까먹고 나와의 약속을 어기면, 부모님께 실망스럽고 마음이 아파요. 제가 어릴 때 어머니가 멸치볶음 반찬을 내어 주면서 “딸이 좋아하는 멸치”라고 이야기해서 속상했던 적이 있어요. 저는 한 번도 멸치볶음을 좋아한 적이 없었거든요. 오빠가 좋아하는 음식이에요!

그런데 부모님도 사람인지라 까먹을 수 있잖아요. 다시 말하면 되는데, 어릴 때는 그게 참 속상했어요. 부모님은 어땠을까요? 내가 어릴 때 똑같은 걸 기억 못 해서 수없이 물어보면, 부모님은 수없이 알려 줬습니다. 앞으로 원하는 게 있다면 마음이 상하기 전에 말하세요.

“엄마, 나는 멸치볶음을 좋아하지 않아. 내가 제일 좋아하는 반찬은 김치찜이에요.”

만일 외식이나 여행 갈 때 의견을 표현하고 싶다면 내가 원하는 것을 말하세요.

“엄마 아빠가 좋아하는 여행지를 선택했으니까, 하루는 제가 하고 싶은 걸 부모님이 같이 해 주세요.”

실제로 가족 모임이 즐거우려면 가족 구성원 모두가 의사 결정에 참여해서 합의하는 것이 좋습니다. 집안의 한 사람의 주장만 따르다 보면 누구나 지치기 마련이니까요.

듣고 싶은 말을 해 달라고 요구하기

듣고 싶은 말이 있다면 부모님께 해 달라고 요구하세요. 사람은 각자 사랑받는 기분을 다르게 느낍니다. 예를 들어, 몸이 아플 때 누군가는 아기처럼 대해 주는 것을 선호해요. “아이고~ 우리 아가, 아파? 엄마가 호~ 해 줄게. 엄마 손이 약손.” 누군가는 말보다 행동으로 돌봐 주는 것에서 사랑을 느낍니다. “많이 아파? 병원에 갈까? 아프면 엄마랑 병원 가자.

학원은 안 가도 돼. 우리 딸이 제일 소중해. 오늘 밤은 엄마가 옆에서 간호해 줄게."

내가 원하는 사랑의 방식이 무엇인지 깨닫고, 그것을 가족에게 해 달라고 말하세요. 어떤 말이나 행동으로 인해 기분이 좋아지거나 서운한 마음이 순식간에 풀린다면, 그게 바로 내가 원하는 사랑의 방식입니다. 그 방식은 사람마다 다르기에 무엇에 마음이 끌리는지 살펴보세요. 대체로 말과 행동 모두 표현해 주길 바라지요. 누구나 지극히 사랑받고 싶어 하니까요.

부모님이 따듯한 말이나 행동을 하는 사람이 아니라고 포기하지 마세요. 변화를 요구하세요.

"엄마, 나 아프니까 아기처럼 보살펴 주세요. 그러면 더 빨리 나을 것 같아요."
"배가 아프니까 '엄마 손 약손' 하면서 쓰다듬어 주세요."
"오늘은 엄마랑 함께 자도 돼요? 아파서 혼자 잠들기 싫어요."

이러한 노력이 부모님과의 대화를 더 따듯하게 만들 것입니다.

형제와
잘 지내는 대화법

오빠가 미워요. 오빠는 자기 마음대로예요.

나　　화장실 쓸 거야, 나와.

오빠　좋은 말로 할 때 기다리라고 했다.

나　　엄마! 오빠 계속 안 나와. 뭐라고 해!

오빠　이게 또 짜증이네. 야!

엄마　왜 둘이 또 싸워. 그만해 둘 다.

엄마는 오빠 편만 들어요. 그런데 오빠는 엄마가 제 편을 든대요. 자기 멋대로 하면서 그걸로도 성에 안 차나 봐요. 어떻게 하면 오빠랑 잘 지낼 수 있을까요?

전쟁 같은 형제의 난

형제는 형제와 자매, 남매를 통틀어 이르는 말로도 쓰입니다. 첫째는 둘째가 태어나면 독차지했던 사랑을 빼앗긴다는 생각에 충격을 받기도 해요. 동생이 부모님의 속을 썩이면 내가 사랑하는 사람의 마음을 아프게 한 것에 분노하기도 해요. 반면 둘째는 첫째에게 쏠린 부모님의 사랑을 감지해요. 왠지 다르다는 걸 느낌으로 알아요. 그 사랑을 가지고 싶어서 예쁜 짓을 해요. 첫째는 이걸 보면서 둘째를 얄미워하기도 합니다.

저는 오빠가 있어요. 한 학년 차이라서 같이 컸고, 같은 학교에 다닌 적도 있어요. 오빠랑 사이좋은 친구는 데이트도 하던데, 저희는 사이 안 좋은 남매였어요. 남보다 못했어요. 어릴 때는 어머니가 오빠를 예뻐해서 질투가 심했어요. 그런데 시간이 지나고 어른이 되어 보니, 오빠가 있어서 정말 좋아요. 저와 같은 집에서, 같은 부모님 아래에서 자랐잖아요. 그것만으로 우리끼리만 통하는 것들이 있어요. 그런 존재가 세상에 있다는 것만으로 힘이 납니다.

부모님처럼 형제에게 사랑을 주기

제가 오빠랑 잘 지내게 된 이야기를 해 드릴게요. 오빠가 결혼하기 전까지는 친하게 지낸 적이 없어요. 밖에서 오빠를 보면 도망친 적도 있었어요. 그런 오빠가 결혼해 집을 나간 순간에는 난생처음으로 부모님을 온전히 내가 가졌다는 생각이 들어 쾌재를 불렀어요. 그런데 오빠가 나의 부모님을 뺏은 게 아니잖아요. 부모님이 우리를 낳은 거니까요. 오빠의 입장에서 처음 생각했어요. 그런 뒤 깨달았어요. 오빠를 시샘하고 미워했던 마음은 부모님의 사랑을 저 혼자 받고 싶다는 욕망에서 비롯했다는 것을요. 이 욕망에 사로잡혀 오빠라는 존재를 제대로 바라본 적이 없다는 것을요.

이러한 이유로 다른 오빠와 우리 오빠를 비교했어요. 오빠라면 응당 이렇게 해야지, 하고 바란 게 많았는데요. 진솔하게 말한 적이 한 번도 없었어요. 나의 바람대로 오빠가 행동하지 않으면 미워했어요. 피가 한 방울 섞이지 않은 친구와는 잘 지내려고 노력하는데, 오빠한테는 그런 노력을 한 번도 한 적이 없었어요. 어느 날, 오빠에게 미안했어요. 저는 부모님을 향한 거대한 사랑을, 오빠에게도 주자고 마음먹었어요. 세상에 하나뿐인 내 오빠니까요.

비교를 멈추기

　다른 집 형제와 우리 집 형제를 비교하지 마세요. 내가 아는 형제의 데이터를 지우세요. 편견일 수 있습니다. 예를 들어, 저는 오빠가 저를 괴롭힌다고 생각했어요. 오빠가 네 살, 제가 세 살이었을 때 같이 찍은 사진이 있는데요. 저는 밑에 깔려 있고, 오빠는 제 등에 올라타서 실실 웃고 있어요. 오빠가 레슬링을 좋아했어요. 오빠는 장난이었지만, 저는 아팠어요. 다른 집 오빠들은 여동생을 애지중지하는데, 나를 소중하게 대하지 않는 오빠가 미웠답니다.

시간이 흘러 우리가 대학생이 됐을 무렵, 막내 사촌 동생들이 태어났어요. 거의 스무 살 차이가 나는데요. 저는 아이가 어색해 멀리 떨어져 있었어요. 반면에 오빠는 동생들과 참 잘 놀았어요. 목말을 태워 주고, 이불을 양탄자 삼아 하늘로 띄워 주고, 키즈카페 사장님 같았죠.

그 모습을 보다가 불현듯 알아 버렸어요. 오빠가 세상에서 처음으로 잘 놀아 줬던 아이가 바로 저였다는 것을요. 오빠는 제가 동생이라서, 저를 정말 좋아했던 거였어요. 제가 오빠를 밀어내고, 싫다고 해도, 오빠는 저랑 잘 지내고 싶어서 나름의 방식으로 다가온 거였어요. 우리가 더는 장난을 치지 않는 성인이 돼서야 오빠의 사랑을 알았습니다.

차분하게 대화하기

형제와는 정말 사소한 일로 다투죠. 예시처럼 오빠가 화장실을 오래 쓴다는 둥 언니가 내 옷을 마음대로 입는다는 둥 동생이 아껴 둔 신발을 신고 나갔다는 둥. 세상이 무너지는 일이 아닌데도 집에서는 전쟁이 납니다. 그동안 쌓여 온 불만이 발화돼 크게 터지는 거예요. 이제 우리는 형제가 소중한 존재라는 것을 알았죠? 정말 소중한 사람으로 대해 주세요.
다른 시선으로 볼 수 있습니다.

예를 들어, 언니가 내 옷을 입고 나갔다 오면 "미쳤어!"라고
하지 않고, 누구를 만났는지 궁금해하는 거예요. "언니 오늘
중요한 사람 만났어? 그 옷 내가 중요할 때 입는 옷이잖아."
편견을 지우고 사람을 보면 순수한 궁금증이 생깁니다. 차분
하게 대화를 나누면 어느새 감사한 마음이 우러나올 거예요.
세상에 나의 반쪽이 존재한다는 사실에요. 나와 참 다르면서
닮은 사람이 존재한다는 건 얼마나 흥미로운 일인지 몰라요.
오빠와 남보다 못한 사이였던 제가 지금은 동화처럼 다정한
오누이로 지내고 있으니까요. 제 말을 믿고, 차분히 대화를
나눠 보세요.

나　오빠는 머리를 오래 만진다. 그렇게 신경 쓰는 이유가 있
　　어? 궁금해.

오빠　남자는 머리발이지.

나　오호라, 오빠 작년까지는 1분 만에 씻고 나갔는데, 언제부
　　터 머리발이 중요해졌어? 왜?

가족과
일대일로 친해지기

　가족은 나와 평생 가는 사람들이에요. 가족으로 묶인 인연은 길고 질깁니다. 가장 가깝고, 제일 많이 다투고, 세상에서 최고로 사랑하는 사람이 가족인데요. 어떻게 하면 가족과 잘 지낼 수 있을까요?

일대일로 시간을 보내기

　단둘이 일대일로 시간을 보내세요. 둘만의 시간을 보내면 깊이 있는 이야기를 나눌 수 있어 서로를 더 잘 이해하게 됩니다. 이 시간은 각별한 추억으로 남아 오랫동안 살아가면서 의지할 수 있는 기억이 돼요. 가족이라는 단어가 혈육 전체 구성원을 뜻하잖아요. 이 때문에 외식이나 여행을 가면 다

같이 움직입니다. 물론 가족끼리 똘똘 뭉치는 것도 좋은데요. 여기에 더해 일대일로 시간을 가져 보세요. 내가 몰랐던 가족의 모습을 발견하고, 새로운 것을 알 수 있어요.

저는 초등학생 때 아버지와 단둘이 드라이브를 했어요. 아버지는 저를 태우고 드라이브하는 걸 좋아하셨어요. "한강은 언제 봐도 멋지지? 한강이 언제 생겼는지 알아? 1960년대. 너는 태어나기도 전이지. 원래도 강은 있었는데, 옛날에는 장도 열리고, 물이 적으면 건너가기도 했어. 지금은 서울의 남쪽과 북쪽 지역을 나누는 강이야." 아버지가 세상을 설명해 주는 게 좋았어요. 이 모습은 나만 볼 수 있는 아버지의 모습 같았고요. 둘만의 오붓한 시간을 보내서 행복했습니다.

둘이서 등산 가기

아버지는 등산도 좋아하셨어요. 오빠도 몇 번 같이 갔는데, 나중에는 힘들다고 안 가더라고요. 저도 힘들었지만, 아버지와 둘만의 시간이 좋아서 꾹 참고 산을 올랐어요. 산에서는 더 많은 시간을 보낼 수 있었어요. 아버지는 8시간 넘게 걸리는 긴 등산 코스를 선호하시는데요. 산길을 천천히 걸으면서 저는 아버지에게 여러 질문을 했어요.

홍수 아빠는 언제부터 산을 좋아했어?

아빠 오래됐지. 아빠가 학교에 다닐 때 산을 넘어야 했거든. 집이 바닷가에 있는데, 학교는 시내에 있으니까 산을 두 개나 넘어서 갔어.

홍수 맨날 학교 갈 때 산을 두 개나 넘었다고?

아빠 그래. 형님이랑 맨날. 새벽 4시에는 출발해야 돼. 깜깜해서 아무것도 안 보여.

홍수 안 무서웠어요?

아빠 무섭지. 아무것도 안 보이는데 동물 울음소리가 들리면 오싹해. 한번은 집에 돌아오는데 너무 피곤한 거야. 깜빡 잠이 들었어. 근데 눈떠 보니까 공동묘지인 거야.

홍수 으, 너무 무서워 아빠!

아빠 저것도 무덤일걸? 하하. 저 멀리 봐라. 쫙 다 보이잖아. 풍경이 얼마나 좋아!

저는 사춘기에 접어들면서 등산에 소홀했다가 이십 대 이후로 다시 아버지와 산에 갔어요. 거의 매년 아버지와 설악산에 갔는데요. 아버지는 항상 말씀하셨어요. "언제 또 이렇게 우리 딸이랑 오겠나.” 마음속으로 저는 ‘내년에도 올 텐데 뭐’ 하고 생각했어요. 그런데 정말 그날이 왔어요. 칠십 대가 된 아버지는 허리가 아프셔서 지금은 산에 오르지 못해요. 저는 기도해요. 아버지가 쾌차하셔서 다시 손을 잡고 등산을 함께 갈 수 있게 해 달라고요. 그나마 아버지와 보냈던 오붓한 시간이 위안이 돼요.

자연에서 나누는 대화는 각별하다

저는 누군가와 친해지고 싶거나 사람을 알아 가고 싶을 때 같이 산에 가요. 자연이 주는 신비함이 있어요. 산은 언제나 그 자리에 있잖아요. 늘 나를 품어 주는 느낌이 나요. 산은 고요해서 이야기를 나누기에도 좋아요. 두 사람의 말소리만 들려요. 서로에게 집중할 수 있어요.

저는 새로운 가족인 새언니와도 단둘이 등산을 갔고, 조카 리나가 일곱 살 때도 둘이서 등산을 갔어요. 몇 년이 흘렀지만, 우리 모두 그때가 참 좋았다고 이야기해요. 지금도 저는 가족 개개인과 시간을 보내는 걸 좋아합니다. 가족과 등산을 가 보세요. 단둘이요. 둘만의 이야기를 나누고, 그 안에서 느껴지는 감정과 기분을 오랫동안 간직하기를 바랍니다.

단둘이 여행 가기

둘이서 떠나는 여행도 근사합니다. 함께 먹고 마시면서 가족이 무엇을 좋아하는지 알 수 있어요. 저는 어머니와 방콕으로 여행을 간 적이 있어요. 방콕은 수상 도시라서 작은 배를 타는 투어가 많았는데요. 어머니는 어린아이처럼 즐거워하셨습니다.

홍수 엄마, 배 타니까 좋아?

엄마 바람 불잖아. 시원해서 기분이 너무 좋다.

어머니가 배를 타는 걸 좋아한다는 사실을 여행 덕분에 처음 알았어요. 그것 말고도 새롭게 알게 된 어머니의 모습이 무척이나 많았어요. 한국에 돌아와서 한강에서 유람선을 타기도 했어요. 어머니가 좋아하시는 모습을 바라보면 흐뭇한 마음이 들었어요. 이 글을 쓰는 곳은 하와이인데요. 어머니가 오셨고, 저는 어머니와 배를 타고 일몰을 봤습니다. 둘만의 시간을 보내세요. 가족이 진정한 친구가 되는 기분을 느낄 수 있습니다.

가족의 생일을
기념하고 축하하자

제 지인이 곧 생일을 앞두고 있었어요.

홍수 생일에 뭐 할 거예요?

지인 특별히 생일을 챙기지 않아요.

홍수 왜요? 생일은 특별한 날이잖아요.

지인 어릴 때부터 한 번도 특별하게 보낸 적이 없어요.

홍수 그럼 이번에는 특별하게 보내요. 생일 파티 해요, 우리!

생일은 나의 세상이 시작된 날이다

지인은 처음으로 생일 파티를 열었어요. 사십 대가 넘어서
요. 저를 포함해 다섯 명이 모였고, 다들 파티복을 입고 생일

선물을 들고 왔어요. 식당에 들어오면서부터 축하했고, 저녁 식사를 함께하면서 지인을 주인공으로 재미있게 이야기를 나눴습니다. 지인은 그날 이후로 해마다 생일을 챙긴대요. "정말 고마워요. 덕분에 제가 세상에 잘 태어났다는 생각이 들어요."

생일은 모두에게 특별한 의미를 지녀요. 그렇지만 그 의미를 잊고 지내는 사람들이 있어요. 하지만 무의식은 중요한 날이라는 걸 압니다. 제가 2년 동안 지켜본 결과 알았어요. 제 온라인 클래스 중에 좋아하는 숫자를 남기는 미션이 있어요. 그다음 미션은 그 숫자가 어떤 의미인지 쓰는 건데요. 2만 명에 가까운 사람이 "생일과 관련한 숫자"라고 답했습니다.

스스로 생일을 기념하자

저는 생일을 앞둔 한 달 전부터 친구들에게 제 생일을 알렸어요. 초등학생 때였을까요. 친구한테 생일을 말했는데, 당일에 축하해 주지 않았어요. 그사이 까먹은 거예요. 서운했어요. 그리고 그 기분을 다시 느끼고 싶지 않았어요. 그때부터 제가 먼저 친구들에게 제 생일을 알렸습니다. "오늘이 무슨 날인 줄 알아? 내 생일 3주 전날이야."

친구들은 재미있어했어요. 그 덕분에 서로가 생일을 요란하게 축하해 줬어요. 맛있는 것도 먹고, 노래도 부르면서 서로의 생일을 축하했습니다. 생일이라고 해서 으리으리한 곳에서 파티할 필요가 없어요. 꼭 선물을 주고받지 않아도 돼요. "축하해, 잘 태어났어"라는 이야기만으로도 마음은 이어집니다.

가족의 생일을 진심으로 축하하자

제 생일을 좋아하니까 친구의 생일도, 가족의 생일도 잘 챙겼어요. 우리 가족이 화려한 생일 파티를 한 적은 없어요. 다만 아버지는 생일이 오기 전이면 가족에게 알렸고, 어머니는 미역국과 불고기, 찰밥을 해 주셨어요. 저는 생일 케이크를 사 왔어요. 항상 다 같이 모여 생일 케이크에 초를 꽂고, 노래를 부르고, 소원을 빌었습니다. 지금도 여전해요.

저는 부모님께 특별한 선물을 받은 적은 없어요. 제가 갖고 싶은 게 별로 없었고요. 저 역시 어릴 적에 부모님께 특별한 선물을 한 적은 없었어요. 그저 생일 케이크에 촛불을 켜는 간단한 축하만 했는데요. 그렇기에 우리 가족이 오랫동안 서로의 생일을 기념할 수 있지 않았나 싶어요. 부담이 없으니까요. 특히 선물보다 의미 있는 것은 우리가 함께 시간을 보내는 것, 내가 태어난 날을 사랑하는 가족이 진심으로 축하해 주는 것이지요.

가족에게 생일을 챙기자고 말하자

만일 부모님이나 다른 가족이 생일을 특별히 챙겨 주지 않는다면 서운할 수 있어요. 이런 분위기로 인해 스스로 생일을 챙기지 않게 되기도 합니다. 그런데 생일은 특별한 날이라는 것을 꼭 기억하세요. 새해는 1월 1일에 시작하지만, 나의 새해는 내 생일부터 시작합니다. 각자의 생일은, 자신의 세상이 문을 연 날입니다.

앞으로 생일을 기념하세요. 내가 먼저 가족의 생일을 축하해 주는 건 어떨까요? 부모님이 생일을 챙기지 않은 건, 당신의 생일을 챙기지 않았던 조부모님 때문일지 몰라요. 우리가 새롭게 우리 가족의 문화를 만들면 돼요. 원하는 게 있으면 표현하세요.

"아빠, 나는 아빠가 태어난 날을 함께 축하하고 싶어요. 생일은 특별한 날이잖아요. 아빠가 태어났기 때문에 제가 태어날 수 있었으니까요. 그러니 앞으로 서로 생일을 축하해 주면 좋겠어요."

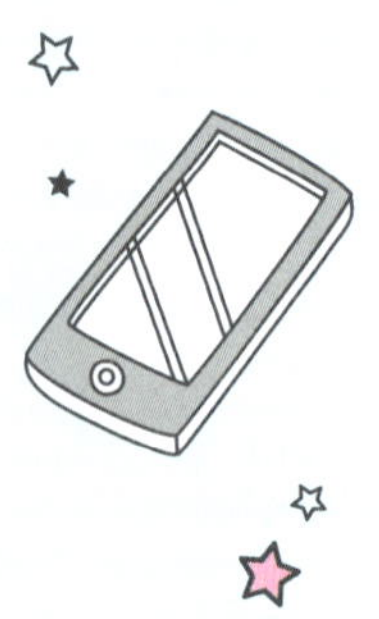

4장

관계를 지키고 당당하게 마음을 표현하는 방법

좋아하는 마음을
용기 있게 고백하기

저에게는 열 살짜리 조카 리나가 있습니다.

홍수　리나는 남자친구 있어?

리나　아니.

엄마　얘한테 맨날 장난치는 애 있어요.

홍수　좋아해서?

리나　으응? 걔 이상해. 좋아하면 잘해 줘야 하는 거 아냐?

리나 말이 맞아요. 좋아하면 잘해 줘야죠. 왜 마음을 고백하는 건 어려울까요?

마음 표현이 서툰 시기

장난을 치면서 마음을 표현하는 건 여러 이유가 있을 거예요. 우선 좋아하면 관심을 끌고 싶어져요. 관심 있는 친구에게 자꾸 말을 걸고 싶고, 자신을 봐 주기를 바랍니다. 친해지기 위해서 어릴 적부터 해 오던 장난을 쳐요.

무엇보다 마음을 표현하는 게 서툴러서 그래요. 말로 해 본 적이 드물어서 어떻게 말해야 할지 몰라요. 또 이런 기분을 처음 느껴서 당황스러워요. 심장이 콩닥거리고, 얼굴이 토마토처럼 빨개져요. 게다가 그 애가 하는 사소한 말 한마디나 눈빛에도 긴장해요. 이제부터 나의 마음을 알아차리고, 진심을 표현하는 연습을 해 볼까요? 좋아하는 마음은 예쁜 마음이에요. 이 마음을 예쁘게 전하는 방법이 있습니다.

수줍음 그대로 표현하자

수줍음, 제가 좋아하는 단어입니다. '수줍다'는 숫기가 없어 다른 사람 앞에서 말이나 행동을 하는 것이 어렵거나 부끄럽다는 뜻입니다. 표준국어대사전 예문으로는 '은주는 수줍고 말이 없는 아이였으나 총명했다', '그녀는 나를 보자 금세 얼굴이 빨갛게 물들면서 수줍어 어쩔 줄을 몰라 했다' 등이 있습니다. 수줍음은 마음이 나에게 알려 주는 거예요. "너는 지금 저 사람을 좋아하고 있어. 나는 저 사람 곁에 있고 싶어."

장난은, 훗날 진짜 친해졌을 때 하세요. 초기에 서로를 알아 가는 단계에서는 장난을 삼가세요. 왜냐하면 장난이 서로에게 재미있는 놀이가 되려면 시간이 필요하기 때문이에요. 누군가에게는 상처가 될 수도 있어요. 장난의 수위는 서로가 정하는 거예요. 그전까지는 솔직하게 내 마음을 전달해요. 솔직하게 말하는 사람은 당당하고 용기 있는 사람처럼 보여서 호감이 갑니다. 앞으로는 용기 있게 말하세요.

"나는 네가 좋아."
"나는 너랑 친해지고 싶어."
"나랑 친구 하자."

적당한 선을 지키면서 서서히 다가가기

용기 있게 표현하되, 적당한 선을 지켜요. 만나자마자 사귀자거나 앞으로 등교를 같이하자고 하면 친구는 부담스러울 수 있어요. 왜냐하면 마음을 여는 속도는 저마다 다르니까요. 내 마음은 진솔하게 전하고, 상대방이 마음을 열 시간을 주세요.

"내가 너를 좋아하는 마음을 표현하는 건 그저 내 마음을 전하기 위해서야. 당장 나와 어떤 관계를 맺자는 건 아니야. 내가 자꾸 너에게 말을 걸고 연락하는 건, 좋아해서 그런 거라는 것을 말하고 싶었어."

고백하자면, 이 문장은 제가 받은 고백입니다. 정중한 고백에, 핸드폰 너머로 제 얼굴이 붉어졌어요. 누군가가 나를 이토록 진지하게 생각한다는 사실에 고마웠어요. 지인들도 하나같이 말했어요. "정말 멋진 고백이네요. 그 사람 되게 좋은 사람인가 봐요." 서로에게 서서히 물들어 가는 시간을 가지세요.

진지하게 알아 가는 대화를 나누자

좋아하는 사람에게 잘 보이고 싶죠? 머리를 매만지고, 잘 어울리는 옷을 입고 싶기도 해요. 내가 멋진 사람이면 좋아하는 사람이 나를 더욱 매력적으로 볼 테니까요. 그런데 진짜 사랑하는 사이는 어떻게 사랑을 유지할까요? 서로의 마음이 단단하게 연결된 이유는 무엇일까요?

　서로에 대한 지극한 관심, 끊임없이 알고자 하는 호기심으로 사랑을 유지해요. 있는 그대로를 사랑하기 때문에 마음은 단단하게 연결돼요. 내가 누구인지 보여 주기 전에 내가 좋아하는 사람은 어떤 사람인지 알아보세요. "나는 운동도 잘해"라는 말보다 "나는 운동을 좋아하는데, 너는 어때? 뭐 하면서 시간 보내는 걸 좋아해?"라는 말이 훨씬 달콤해요.

　사랑은 고귀합니다. 사랑하며 지내세요. 좋아하는 사람과 같은 마음을 가진다는 건 기적 같은 일이에요. 만일 내가 누군가를 좋아한다고 친구들이 놀리면 무시하세요. 사랑을 가진 자만이 느낄 수 있는 고귀함을 아직 몰라서 그래요. 그 친구들도 언젠가 알게 되기를 바라고요. 나는 내 사랑에 집중해요.

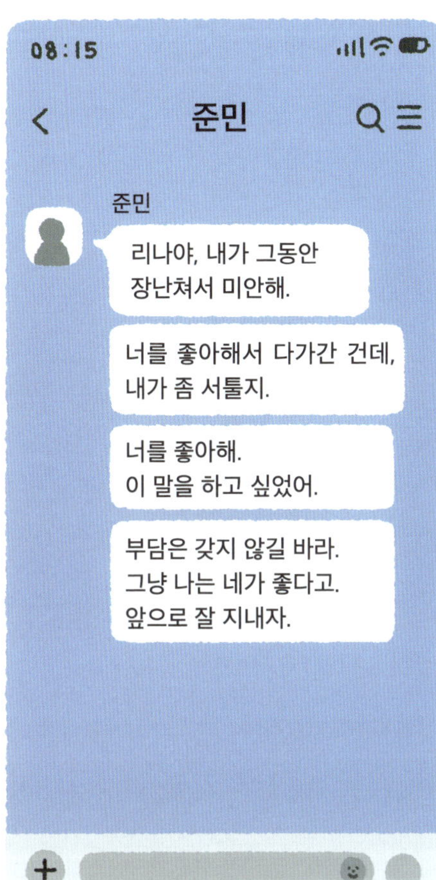
08:15
준민
준민
리나야, 내가 그동안
장난쳐서 미안해.
너를 좋아해서 다가간 건데,
내가 좀 서툴지.
너를 좋아해.
이 말을 하고 싶었어.
부담은 갖지 않길 바라.
그냥 나는 네가 좋다고.
앞으로 잘 지내자.

소중한 것을
지키기 위한 단호함

친구가 하는 장난이 불편해요. 그런데 어떻게 말해야 할지 모르겠어요.

라희　새로 산 옷이야? 어디서 샀어?

나　엄마가 생일 선물로 준 거야.

라희　너희 엄마는 아직도 네가 아기인 줄 아시나 보다. 너무 귀여운 거 아니야?

나　(기분 나빠…….)

기분이 나쁘다면, 친구의 장난이 도를 지나친다면 단호하게 말하세요. 소중한 것을 지키기 위해서는 단호함이 필요합니다.

관계에서 가장 중요한 건 '나 자신'

내가 나와 잘 지내는 게 가장 중요합니다. 타인과의 관계보다 더 중요한 건 내가 나를 대하는 태도예요. 절대 떨어질 수 없는 관계, 평생 함께 가는 관계는 오직 나 자신뿐입니다. 세상에서 가장 잘해 줘야 하는 사람이 있다면 나예요.

앞으로 타인의 거친 말과 부정적인 시선으로부터 스스로 보호하세요. 타인과의 관계를 걱정하거나 싫은 티를 내면 다른 친구들이 나를 안 좋게 볼까 봐 걱정할 수 있는데요. 타인을 고려하느라 챙기지 못한 나 자신은 그사이 상처를 받아요. 그 상처가 쌓이면 언젠가 나를 원망해요. "왜 나를 돌봐 주지 않았어!" 하고요. 그러기 전에 자기 자신을 스스로 지켜야 합니다.

나에게 소중한 것이 무엇인지 우선순위를 정하자

친구의 말이 기분 나쁠 때마다 단호하게 말하거나 똑같이 복수하거나 더 심하게 공격하자는 게 아닙니다. 내가 소중한 것처럼 타인도 본인에게는 소중한 사람이에요. 나를 지키기 위해 상대방을 무너뜨리지 않아도 됩니다. 타인을 떠나서 내가 소중하게 여기는 것이 무엇인지 깨닫고, 내가 지키고 싶은 것은 무엇인지 알아 가는 과정이 필요해요.

다음 질문들에 답을 써 볼까요? 내게 가장 소중한 물건은 무엇인가요? 그 이유는요? 만일 집에 불이 나면 가장 먼저 무엇을 챙겨서 나갈 건가요? 그 물건은 왜 제일 소중한가요? 그 물건과 함께할 때 어떤 기분을 느끼나요? 내가 세상에서 가장 사랑하는 사람은 누구인가요? 열 명 이하로 써 보세요. 그들에게 내 하루를 전부 내어 줘도 아깝지 않은가요? 상상만 해도 행복한가요? 내게 가장 소중한 것을 그 사람에게 줄 수 있나요?

우선순위를 지키자

만약 가장 소중한 사람으로 가족을 썼다면, 관계에서 '나' 다음으로 중요한 건 '가족'입니다. 이런 사람이라면 어머니가 사 준 옷에 대해 친구가 안 좋은 이야기를 하면 기분이 나쁘겠죠. 내게 소중한 사람과 소중한 것을 지키기 위해서 친구에게 정확히 알리세요. 그래야 다음에 비슷한 일이 벌어져도 내 마음이 상하지 않고, 친구와의 관계도 지킬 수 있습니다.

친구의 언행을 지적하는 걸 떠나서 나의 우선순위에 대해 말합니다. 다음은 좋지 않은 예입니다. "라희야, 너는 맨날 그런 식으로 이야기하는데, 기분 나빠.", "네가 우리 엄마에 대해 뭘 안다고 함부로 떠들어?"

이처럼 친구를 쏘아붙이면 관계가 나빠집니다. 내게 소중한 것도 친구에게 전달되지 않아요. 주어를 '너'가 아니라 '나'로 두고 말하세요.

라희　너희 엄마는 아직도 네가 아기인 줄 아시나 보다. 너무 귀여운 거 아니야?

나 라희야, 내가 가장 사랑하는 사람은 엄마야. 엄마는 나한테 제일 소중해. 그래서 엄마가 내게 선물한 이 옷도 소중해. 나에게 소중한 것을 너도 소중하게 여겨 주면 좋겠어.

소중한 것을 이해하는 친구가 좋은 사이다

만일 라희가 이렇게 말하는 나를 멀리한다면, 가라고 하세요. 친구 관계도 흘러갑니다. 인생은 멈춰 있지 않아요. 시간이 흐르고, 구름이 흘러가는 것처럼 계속 변화합니다. 관계도 마찬가지예요. 인간관계의 변화는 성숙한 방향으로 흘러가야 좋은 사이입니다. 그런데 나라는 사람을 이해하려 노력하지 않는 친구라면 좋은 사이로 흘러가지 않을 거예요.

한번은 친구가 만날 때마다 제가 잊고 싶은 사람에 대해 걱정스레 물었어요. 저는 그를 떠올리는 게 힘들어서 친구에게 차분히 말했어요. "내가 괜찮아지면 그때 이야기할게. 그전까지는 그 사람 이야기하지 말자." 친구가 저의 마음을 이해했기 때문에 우리는 오랫동안 우정을 이어 가고 있어요. 서로를 존중하는 친구와 잘 지내세요.

거절은 다른 중요한 것을
선택하는 것

집에서 쉬고 싶은 주말, 친구가 쇼핑몰에 가자고 해요.

친구　오늘 쇼핑몰 가자! 옷 구경하고 싶어.

나　（거절하고 싶은데, 뭐라고 말하지?）

내가 좋아하는 친구예요. 같이 안 가면 친구가 실망할까요? 어떻게 거절해야 관계를 해치지 않을까요?

거절은 우선순위를 기준으로

거절할 때는 내 마음을 최우선 기준으로 삼아요. 친구도 소중하지만, 그보다 최우선은 '나와의 관계'라는 것을 잊지 말아요. 내 마음이 쉬는 걸 원하면, 마음을 따릅니다. 그 대신 단순히 "나 오늘은 쉬고 싶어"라고 말하면 친구는 '나랑 놀기 싫은 건가?' 하고 오해할 수 있어요. 사람은 타인의 말을 자신과 연관 짓는 습관이 있기 때문이에요. 거절할 때는 구체적인 이유를 밝히고, 그 이유는 내 안에서 찾아요. 만약 다음에 같이 가고 싶은 마음이 있다면 제안하는 것도 방법이에요.

친구　오늘 쇼핑몰 가자! 옷 구경하고 싶어.

나　거절 나는 오늘 쉬고 싶어. 내 안에서 찾은 이유 체육대회를 준비하느라 열흘 동안 학교에 남아서 회의를 계속했어. 하루는 쉬고 싶었는데, 그게 오늘이야. 다른 제안 오늘 푹 쉬면 컨디션이 좋아질 것 같은데, 내일 같이 가는 건 어때?

친구 내일은 다른 일정이 있어서 못 가.

나 그래, 그러면 다음에 같이 가자. 오늘 잘 다녀와!

친구가 기분 나쁠까 봐 말하지 못한다면

'쇼핑몰 갔다 와서 쉬지 뭐.' 이런 생각으로 친구를 따라갈 수도 있어요. '옷을 보는 건 몇 시간 걸리지 않겠지. 아직 조금 에너지는 남아 있잖아.' 내 마음과 타협하는데요. 이런 습관은 자신에게 좋지 않아요. 더 깊은 속마음은 거절했다가 친구와의 관계가 불편해질까 봐 걱정되는 건 아닐까요?

그러나 친구의 말을 따르지 않으면 흔들릴 관계는 언제가 됐든 흔들리지 않을까요? 어쩌면 이미 균열이 생겼을지도 몰라요. 또 어쩌면 그 친구를 진정 좋아하지 않는 것일지도 몰라요. 그저 학교에 함께 다닐 친구, 같이 밥 먹을 친구 정도로만 여겨서 마음을 덜 주고 있을지도 몰라요. 친구가 무언가를 하자고 할 때 나도 모르게 꺼려진다면 무의식이 거리를 두고 있는 것일지도 모릅니다. 이로 인해 말을 가리는 거예요. 진짜 내 마음을 말하지 못하는 관계는 왜 그런지 이유를 생각해 볼 필요가 있어요.

좋은 관계는 서로를 존중한다

친한 사이라면 서로를 존중하는 선에서 솔직한 마음을 드러낼 때 더 친밀해집니다. 인생을 사는 건 즐거울 수만은 없어요. 고통과 슬픔, 아픔과 좌절, 분노와 서러움 등 여러 감정을 겪습니다. 친구의 기분을 좋게 하려는 노력은 예쁜 마음이지만, 그 마음만 보여 주는 것은 진짜 내가 아니에요. 내가 보여 주고 싶은 일부만 보여 주는 것입니다.

사람은 그 자체로 존중받아야 마땅합니다. 이건 진실입니다. 어떤 생각을 하든, 하지 않든 상관없이 생명을 가진 존재는 귀합니다. 슬픔과 아픔도 나를 이루는 것들이에요. 그러므로 각자 겪은 일, 생각하는 것을 서로 존중하는 관계가 지속적이고 오래갑니다. 내가 쉬고 싶을 때 그러라고 존중하는 사이가 좋은 사이예요.

시간은 목숨과 같다

"무언가에 대해 '예'라고 말할 때는 무엇을 거절하는지에 대해서도 반드시 알아야 한다."*《원씽 THE ONE THING》에 나오는 문장입니다. 무언가를 승낙하는 건 다른 무언가를 거절하는 것입니다. 시간은 한정적이에요. 인생은 유한합니다. 생명을 지닌 존재 모두에게 해당하는 자명한 진리입니다. 유한한 지금, 우리는 택해야 해요. 나에게 소중한 무엇을요.

시간은 목숨과 같습니다. 목숨과 같은 귀한 시간에 걸맞은 귀한 행동을 하고, 귀한 생각을 하세요. 사회가 정한 중요한 일을 하라는 게 아니에요. 멍하니 창밖을 보는 게 나에게 중요하다면 중요한 일입니다. 나머지는 중요하지 않아요. 소중한 무언가를 위해 다른 것을 거절할 수 있어야 해요.

저는 웃으면서 거절해요. "저는 못 해요" 대신에 "그 시간에 할 일이 있어요"라고 말합니다. 저녁을 먹자고 하는데, 제게 중요한 사람이 아니면 말합니다. "저는 저녁을 먹지 않아서요. 할 이야기가 있으세요? 지금 이야기 나눌까요?" 같이 일

---

* 《원씽 THE ONE THING》, 게리 켈러·제이 파파산 지음, 구세희 옮김, 비즈니스북스, 2013, 241p.

하자고 하는데, 제게 이득이 없다면 물어요. "그걸 하면 제가 얻을 수 있는 건 무엇이죠?" 상대방의 대답에 끌리지 않으면 말합니다. "제가 할 이유가 없네요." 시간을 귀하게 보내세요.

무례한 질문에는
답변 대신 질문하기

친구가 무례한 질문을 해요.

준후 너희 집은 몇 평이야?

라미 부모님이 이혼하셨어?

이런 질문은 실례가 아닌가요? 친구에게 어떻게 말해야 다음부터는 안 그럴까요?

건강한 사회는 어떤 주제든 대화할 수 있다

질문 자체가 부정적인 건 없습니다. 질문의 내용보다 중요한 건 '의도'예요. 예시처럼 집의 크기나 부모님 사이에 관한 질문은 무례하다고 규정하면, 우리는 그 주제에 관해 대화할 수 없어요. 그러면 어떤 일이 벌어질까요? 이와 관련해 힘든 일이 있어도 언급할 수 없겠죠. 그 주제로 대화를 나눠 보지 않았기 때문이에요. 소통이 닫히면, 마음이 다칩니다.

어떤 주제든지 대화할 수 있는 사회가 건강한 사회입니다. 어떤 생각이든 털어놓고, 서로 다른 생각에 귀 기울이는 사회여야 더 나은 의견이 도출되고 발전할 수 있습니다. 특정 생각을 부정하거나 어떤 주제를 거론하는 것을 막는다면, 숨어서 이야기해야 하고, 드러나지 않은 곳이 곪아 썩을 거예요.

"왜 그게 궁금해?" 질문의 의도를 묻자

친구가 무례한 질문을 했다고 여기는 건 내 생각입니다. 내가 그 이야기를 하기 싫은 것일지도 몰라요. 친구가 무례한 게 아니라 '나는 왜 그 질문이 불편하지?' 하고 관찰할 필요가 있습니다. 그래야 앞으로 만나는 수많은 사람 중에 관련 주제를 꺼내는 사람과도 좋은 영향을 주고받을 수 있어요.

좋은 질문인지 나쁜 질문인지를 판단하기 전에, 친구가 질

문한 의도를 물어보세요. 대답하지 않아도 돼요. 무례한 질문
에 답을 하려니까 불편한 거예요. 대답 대신 질문해 보세요.
"왜 물어봐?", "그게 왜 궁금한 거야?" 질문하면 친구는 내가
생각지 못한 답을 할 수 있습니다.

따뜻한 진심이 있을지도 모른다

강의하러 부산에 간 적이 있어요. 부산역에서 강연 장소로
이동하기 위해 택시를 탔는데요. 기사님이 물었어요. "아가
씨, 혼자 왔어요?" 이 문장만 들으면 누군가는 '아가씨'라는
단어도, 사적인 질문도 무례하다고 판단해 기사님과의 대화
를 껄끄러워할 수 있는데요. 저는 섣불리 무례한 질문이라고
판단하지 않고 대답 대신 질문했어요.

기사님 아가씨, 혼자 왔어요?

홍수 기사님, 왜 물어보세요?

기사님 가는 길에 바닷가를 지날 수 있어서요. 시간이 괜찮으면 그
　　　길로 가면 어떨까 해서요. 혼자 오면 관광하기 힘든데, 가
　　　는 길에라도 바다를 보면서 가면 좋잖아요.

　저는 흔쾌히 좋다고 했어요. 기사님 덕분에 부산까지 와서 일만 하고 가지 않고, 바다를 구경했어요. 한 수강생은 제가 이 이야기를 들려주자 자신도 비슷한 상황이 있었대요. 이사 간 날, 윗집 어르신이 내려왔대요. "집이 전세예요? 자가예요?" 질문 자체만 보면 무례하다고 판단할 수 있지만, 그는 무례한 질문은 없다고 믿고 질문했어요. "어르신, 그건 왜 물으세요?", "오래 살면 잘해 주려고 했지." 상상하지 못한 대답에 마음이 따뜻해졌고, 지금도 어르신과 오순도순 지낸다고 해요.

판단하기 전에 본심을 보기 위해 노력하자

만약 질문하지 않았다면 어땠을까요? 무례한 이웃으로 취급해서 사이가 나빠졌을지도 몰라요. 친구도 기사님처럼, 어르신처럼 따뜻한 마음을 가지고 물어본 걸지도 몰라요. 대화를 나눠 봐야 본심을 알 수 있겠죠? 세상에는 따뜻한 마음을 가진 사람들이 많습니다. 단지 언어로 표현하는 게 서툴러서 대뜸 질문부터 하는 경우가 많아요. 어르신도 이렇게 물어보면 좋았을 거예요. "오늘 이사 오셨나 봐요? 저는 윗집에 사는데요. 이사 오는 소리가 들려서 이웃과 잘 지내고 싶어 인사하러 왔어요. 앞으로 잘 부탁드려요."

우리가 먼저 따뜻한 본심을 발견하는 건 어떨까요? 우리는 무례함을 자각하고, 따뜻함을 인지하는 능력이 있잖아요. 그렇다면 거친 말이나 투박한 표현 속에서도 진심을 찾아낼 능력도 있을 거예요. 앞으로는 불쑥 들어오는 질문에 무례하다고 판단하는 대신, 한 번 더 기회를 주세요. 왜 그런 질문을 하는지, 친구의 마음을 궁금해합시다.

라미　부모님이 이혼하셨어?

나　왜? 어떤 게 궁금해?

음……. 학원에서 애들이 이야기하는 걸 들었어. 만약 그렇다면 너 괜찮아? 너는 내가 힘들 때 옆에 있어 줬는데, 나는 아무것도 모르고 있었어. 요즘 우리 대화를 잘 못 했잖아. 미안해. 혹시라도 힘든 게 있으면 언제든지 나한테 얘기해. 내가 힘이 되어 주고 싶어.

사과를 통해
상처받은 마음을 돌보기

친구가 장난이라면서 나를 퍽퍽 쳐요. 더는 못 참겠어요.

나   너 돌았냐?

친구   돌았냐고? 말을 왜 그렇게 해?

나   가만히 있는데 네가 나 쳤잖아. 사과해.

친구   싫어. 너 분노조절장애 아니냐?

화를 내면 친구가 기분 상하는 장난을 멈추고 제대로 사과

할까요?

화를 내는 건 분노를 표출하는 것

'화를 내면 무서워서 그만하겠지, 나의 무서운 면을 보여줘야지' 하고 생각할 수 있어요. 과연 그럴까요? 화를 내 봤자 얻을 것은 없습니다. 분명한 건 '화를 내는 사람'이라는 딱지는 붙는다는 거예요. 현명하지 못한 화내는 방법은 누가 봐도 화난 사람처럼 언성을 높이고, 눈에 불을 켜고, 미간을 찌푸리면서 상대방을 공격하는 모습이에요.

이렇게 화내면 잘못한 사람은 움찔하다가도 발끈해서 공격해요. 왜냐하면 인간은 자기방어 본능이 있기 때문이에요. 분노를 분노로 받아치면 불난 집에 불만 키웁니다. 사과를 받아

내기보다는 오히려 화를 부르는 방법이에요.

현명하게 분노를 표현하자

　현명하게 분노를 표현하세요. 주어를 '나'로 말하고, 상대방의 행동으로 '내'가 어떤 기분과 생각이 들었는지 차분하게 이야기합니다. 그리고 '나'에게 어떻게 행동해 주기를 바란다고 요구하세요. 그러면 친구와의 관계를 지킬 수 있습니다.

　"'나'를 주어로 나는 네가 상대방의 행동 장난치면서 퍽 치면 내 기분 깜짝 놀라고, 아파서 기분이 안 좋아. 내 생각 장난인 줄 알지만, 그 순간에는 장난이라는 생각이 안 들 만큼 아파. 상대방에게 바라는 점 앞으로는 나를 때리는 장난은 그만해 주기를 바라."

　만약 이렇게 말했음에도 불구하고 친구가 "싫은데?", "계속할 건데?" 하며 장난을 멈추지 않고 계속한다면 거리를 두세요. 더는 친구와 말을 섞지 말고, 친구를 멍한 눈으로 바라보세요. 이미 의사 표현을 확실히 했기 때문에 친구는 내 마음을 알고 있어요. 내가 반응하지 않으면, 친구는 멈출 것입니다. 장난도, 싸움도 상대가 반응이 있을 때 지속하니까요.

지속적인 관계라면 사과를 받자

사과를 받지 않고 넘어가면 기분이 나빠서 점점 친구를 피하는 일도 생겨요. 다른 친구를 붙잡고, 서운한 마음을 털어놓을 수도 있어요. 이런 행동은 자칫 친구를 험담하는 것처럼 보여서 나에게 안 좋은 이미지가 생길 수 있어요. 또 제삼자가 개입하면 일이 더 커질 수 있습니다. 마찰이 생기면 당사자끼리 해결해야 관계에 지장이 없어요. 친구가 사과해 주기를 바라면 듣고 싶은 말을 표현하세요.

"나한테 미안하다고 말해 주면 좋겠어. 나는 그래야 서운한 마음이 풀려."

서운한 게 있으면 그때그때 해결하기

부모님이 약속을 어겨서 속상할 때도 마찬가지예요. "엄마랑 말 안 할 거야.", "아빠는 맨날 나랑 한 약속은 어기잖아!" 방문을 쿵 닫고 들어가기도 하는데요. 이런 행동으로 인해 부모님도 상처받을 수 있습니다. 친밀한 사이일수록 서운한 마음도 생기고, 속상한 마음도 생깁니다. 부모님께 사과를 받고, 앞으로의 바람을 정확히 이야기하세요.

"'나'를 주어로 나는 주말에 엄마랑 영화 보려고, 2주일 동안 공부 진짜 열심히 했어. 혜영이가 같이 쇼핑몰 가자고 했는데, 엄마랑 약속 있어서 못 간다고 거절했어. 나는 엄마와 영화 보려고 노력했어. 상대방의 행동 그런데 엄마는 내 약속을 잊은 채 잠만 자. 상대방의 행동에 따른 '내' 기분 서운해. 엄마가 나를 소중하게 여기지 않나? 하는 생각이 들어서 더 속상해. 사과 요구 나랑 약속을 지키지 못한 점에 대해 사과해 주세요. 앞으로 바라는 점 앞으로는 나와의 약속을 꼭 지키고, 만약 지키지 못할 것 같으면 미리 말해 주세요."

어릴 때 받은 상처가 남아 있을지 몰라요. 그 상처가 부모님으로 인해 생겼다면 사과해 달라고 말하세요. '나만 참으면 되는데 뭐', '다 지난 일이니까' 하고 포기하지 마세요. 상처는 돌보지 않으면 20년 뒤, 50년 뒤에 깨어나 소리칠 거예요. "나를 돌봐 줘!" 상처가 아무는 순간은, 상처를 직면하고, 상처를 준 사람과 진솔하게 이야기할 때입니다. 부모님과의 관계가 잘 해결돼야 앞으로 만나는 인연과도 잘 이어질 수 있습니다.

씩씩한 척하지 않아도
괜찮아

학교에 나를 괴롭히는 무서운 선배가 있어요.

선배　　인사 똑바로 안 하냐?

나　　　안녕하세요.

선배　　더 크게 해야지! 허리도 숙이고. 장난하냐?

나　　　안녕하십니까.

학교 가는 게 싫어요. 선배한테 괴롭힘을 당하니까 친구들도 슬슬 나를 피해요. 부모님께는 말하지 못했어요. 걱정하실 테니까요. 아니면 혼내시거나. 이 굴레에서 벗어날 수 있을까요?

씩씩한 척하지 않아도 괜찮다

괜찮지 않으면 괜찮은 척하지 않아도 돼요. 나는 나를 보호하고, 지킬 수 있습니다. 말의 힘을 키우면 가능해요. 그러기 위해서는 말하는 것부터 시작해야 합니다. 말하지 않으면 그 누구도 내 마음을 알 수 없어요.

걱정이나 고민이 생기면 혼자서 끙끙 앓지 말아요. 부모님께 의지해요. 부모님은 언제나 부모님이에요. 내가 청소년으로 자라고, 성인이 되어도, 부모님은 부모님입니다. 부모님은, 내가 생각하는 것보다 강합니다. 부모님이기 때문에 우리 앞에서 여린 마음도 털어놓고, 속상한 마음, 슬픈 마음도 말했을 거예요. 이런저런 사정을 잘 알아서 부모님께 걱정을 하나 더 보태는 게 미안한 마음이 들 수 있어요. 그러나 부모님은 여러분이 솔직히 말할 때 더 기뻐하실 거예요. 나는 청소년이에요. 부모님의 보호가 필요한 나이예요.

감정을 빼고 사실대로 말하자

부모님께 이야기하는 이유는 사태를 수습하기 위해서입니다. 정확한 사실을 알리는 데 초점을 맞춰요. 사실을 알릴 때는 객관적으로 말합니다. 주관적인 의견이나 감정은 빼고, 사실만 전합니다. 예를 들어, "학교 선배들이 나 괴롭혀서 속상해"라고 말하면 무엇을 어떻게 괴롭히는지는 모호하고, "속상해"라는 감정 섞인 말에 부모님이 상심할 수 있어요. 우선 긴 이야기가 될 테니 부모님께 차분하게 들으라는 말로 이야기를 시작해 보세요.

"부모님께 듣는 태도를 요구하기 엄마, 할 얘기가 있는데 내 말을 끝까지 차분하게 들어 줘. 객관적인 사실 학교에서 2학년 선배 언니들 세 명이 한 달째 나만 보면 인사 똑바로 해라, 쓰레기 버리라면서 심부름을 시켜. 주관적인 의견과 감정 나는 그 언니들 때문에 요즘 학교 가는 게 힘들어. 엄마가 걱정할까 봐 말 못 했는데, 나 도움이 필요해. 나의 바람 선생님께는 아직 이야기 안 했는데, 어떻게 말씀드려야 해결될까? 엄마가 도와줘."

혼날까 봐 두려워서 말하지 못한다면

내가 부모님께 기대하는 말은 이런 거예요. "우리 딸 얼마나 힘들었어. 엄마가 아무것도 몰라서 미안해. 엄마가 해결할게. 걱정하지 마. 그동안 얼마나 무서웠을까. 엄마한테 다 이

야기해도 괜찮아.” 그런 다음 따뜻하게 안아 주는 부모님. 그
렇지만 부모님 중에는 안 좋은 일이 생기면 화부터 내는 사람
도 있어요. “네가 어떻게 했길래 걔네가 그래?”, “왜 학교에서
문제를 일으켜?”, “넌 대체 뭘 하고 다니는 거야?”

가뜩이나 괴로운 마음이 무너질 거예요. 세상에 유일하게
기댈 수 있는 부모님이 내 편을 들어 주지 않으니까요. 만약
이런 말을 들었다면 지우개로 지워요. 부모님이 이렇게 말하
는 건 본인도 당황했기 때문이에요. 어떻게 대처할지 몰라서
속상한 마음에 비정한 말이 나오는 거예요. 중요한 건, 비정
한 말을 내 마음에 담지 않는 것입니다. 부모님께 의지가 안

될 때는 의지할 수 있는 선생님이나 경찰에 도움을 요청하세요. 객관적으로 사건을 해결해 줄 테니까요.

폭력은 어떤 이유에서든 정당화될 수 없다

괴롭힘이나 폭력을 당한 사람에게 잘못의 원인은 없습니다. 괴롭히거나 폭력을 행한 사람에게 동기가 있을 뿐입니다. 가해자의 동기와 피해자의 원인은 일치할 수 없어요. 어떠한 행동이 촉발되는 동기는 무수히 많은 사건이 연결돼서 이뤄졌기 때문입니다. 내 안에서 이유를 찾지 마세요. 폭력은 어떤 이유로든 정당화될 수 없습니다. 만일 부모님이 선배들이 괴롭히는 이유를 나에게서 찾는다면, 단호하게 말하세요.

"엄마는 내 편을 들어야지. 내게 하나뿐인 부모라면, 하나뿐인 딸을 옹호해야 해. 부모는 아이를 보호할 의무가 있으니까. 내가 피해자야. 폭력에는 이유가 없어. 엄마가 내 편을 안 들어 주면 나는 세상에 기댈 곳이 없어. 내가 바라는 건 이거야. 엄마가 무조건 내 편을 들고, 딸을 보살피고, 이 문제에서 나를 벗어나게 하는 것. 그게 아니라면 더는 엄마에게 아무 말도 할 수 없어. 내가 원하는 걸 해 줄 수 있어?"

질투가 난다면
갖고 싶은 것이다

얄미운 친구가 있어요.

친구 선생님, 오늘 저는 배가 아파서 체육 시간에 양호실에 있어
도 될까요?

선생님 그래, 몸이 안 좋구나. 가서 쉬어.

친구는 아픈 게 아니에요. 더운데 운동하면 땀이 나고, 땀
흘리는 게 싫으니까 그러는 거예요. 선생님은 친구가 공부를
잘해서 예뻐해요. 그런 친구가 마음에 들지 않아요.

질투는 다른 사람이 잘되거나 자신보다 앞서서 좋은 위치에 있는 것을 시기해, 미워하며 깎아내리는 마음이에요. 신경이 쓰이는 사람이 있다면 그 사람의 무언가가 나를 자극하는 것입니다. 예시를 다시 볼까요? 나는 공부를 잘하는 친구가 선생님께 거짓말하고 체육 시간에 양호실에서 쉬는 게 얄미워요. 얄밉게 느껴지는 원인은 공부나 선생님에게서 찾아볼 수 있어요.

나도 공부를 잘하고 싶은데, 친구가 나보다 잘해서 기분이 나쁠 수 있어요. 또는 나는 열심히 공부해서 이만큼 성적을 내는데, 친구는 놀면서도 공부를 잘해서 기분 나쁠 수도 있어요. 나도 선생님께 사랑받고 싶은데, 나보다 친구를 더 예뻐하는 것 같아서 질투가 나는 걸지도 몰라요. 나는 선생님께 말하고 싶은 게 있어도 쉽게 말하지 못하는데, 친구는 서슴없이 가서 자기가 하고 싶은 이야기를 하니까 부러운 것일 수도 있어요. 아니면 생김새나 옷, 행동, 분위기 같은 것들 때문일 수도 있어요. 관건은 질투하는 마음도 내 안에서 나온다는 사실입니다.

마음이 보내는 신호를 듣기

질투는 내 마음이 보내는 신호예요. "내가 갖고 싶은 게 저거야!" 마음이 알려 주는 거예요. 이 사실을 깨닫지 못하면 친구를 시기하게 돼요. 반대로 깨달으면 그 점을 가지기 위해 노력해 성취할 수 있습니다. 후자의 길이 나에게 이롭겠지요? 질투라는 신호가 오면, 앞으로는 친구를 바라보지 말고 내 마음을 바라봐요.

만일 친구가 나보다 공부를 잘해서 질투가 난다면, 나는 공부를 진짜 잘하고 싶은 거예요. 그러면 공부 계획을 새로 짤 수 있어요. 지금까지 해 온 방식 말고 다른 방식이 있을까? 궁리합니다. 선생님께 하고 싶은 말이 있다면, 글을 써서 정리한 뒤에 말해 보아요. 이처럼 질투라는 신호는 나를 발전하도록 이끌어요.

누군가는 당신을 부러워할지도 모른다

제 수강생은 말했어요. "저는 어릴 때부터 몸집이 작고, 운동신경이 둔했어요. 체육 시간에는 항상 스탠드에 앉아 운동 잘하는 애들을 구경했어요. 부러웠어요. 자신의 몸을 자유자

재로 쓸 수 있다는 게." 저는 이 이야기를 듣고서야 학창 시절에 스탠드에 앉아 있던 친구들이 떠올랐어요. 그 친구들의 마음을 한 번도 짐작해 본 적이 없었어요.

저는 타고나길 운동을 잘했어요. 체육 시간에 멀리뛰기를 하던 순간이 선연하게 기억나요. 제자리에서 몸을 앞뒤로 흔들다가 점프를 해요. 몇 초 동안 저는 하늘을 날았어요. 뜀틀을 넘을 때도 몸이 공중을 날아오르는 기분은 이루 말할 수 없이 황홀했어요. 발야구를 하면 저는 투수이자 공을 제일 멀리 차는 3번 타자였어요. 이어달리기 마지막 주자였고요. 체육대회에서 제 역할은 컸습니다. 그러느라 가만 앉아 있는 친구의 마음이 어떨지 생각한 적이 없었어요. 그들도 저를 부러워했을까요?

갈망을 나에게 유용하게 작동시키자

그들을 보지 못했던 이유를 이제는 알아요. 저는 저보다 잘하는 애들을 바라보고 있었기 때문이에요. 제가 발로 공을 차면 어떻게든 잡아내는 친구를, 저를 지나쳐 뛰어가는 옆 반 달리기 일인자의 뒷모습을, 나보다 유연한 친구를 말이죠. 사람은 자신이 가지지 못한 것을 욕망합니다. 이 욕망은 나 자신을 발전시키는 쪽으로 작동하면 유용하지만, 갖지 못한 자신을 탓할 때는 무용해요.

가장 좋은 해법은 내가 가진 것에 감사하면서 발전해 나가는 것이겠죠. '지금 내가 갖고 싶은 것은 무엇인가'에 주목해 보세요. 앞으로 질투가 나면 알아차리세요. '내가 저걸 갖고 싶구나.'

멋진 어른으로 성장하는
말하기 비법

긴장은
성장의 신호다

발표할 때마다 심장이 두근거리고 눈앞이 하애져요. 발표할 때 긴장하지 않을 수 있을까요?

저도 발표를 앞두고 무척 긴장했어요. 발표 울렁증이 심각하다고 여겼죠. 이 긴장감은 아나운서가 돼서도 계속됐어요. 회의 시간에 의견을 내는 자리에서도 얼굴이 화끈거렸어요. 나는 왜 이렇게 긴장하는 걸까, 생각했는데요. 잘하고 싶기 때문이었어요. 똑 부러지게 말하고 싶고, 좋은 의견을 내고 싶고, 사람들이 제 말에 주목하기를 갈망했습니다.

긴장은 성장을 앞두고 있을 때만 느낄 수 있어요. 이 긴장을 넘어서면 나는 한 단계 발전한다는 것을 알아요. 제 수강생 중에도 긴장하는 사람이 참 많습니다. 대화를 깊이 해 보면 "정말 잘하고 싶다"라고 말해요. 하지만 겉으로는 그런 마음을 드러냈다가 실력 발휘를 못 할 수도 있으니까 "긴장하고 싶지 않다", "발표를 잘 못한다"라고 말하면서 한 발짝 물러서는 것뿐이에요. 이제 진짜 내 마음과 마주하세요. 그래야 다음 단계로 넘어갈 수 있습니다.

긴장을 없애려고 하지 말고 발표를 잘하려고 하자

긴장은 평생 이어질 것입니다. 내가 잘하고 싶은 마음이 있는 한 말이죠. 긴장하지 않는 순간은 만만한 순간이에요. 계속 도전하는 사람에게 긴장은 숙명과도 같습니다. 긴장하지 않는 게 발표를 잘하는 걸까요? 아니에요. 긴장하지 않는 건 무(無)의 상태입니다. 발표를 잘하는 건 사람들의 이목을 주목시키고, 나의 말이 청중에게 닿고, 변화가 일어나는 거예요. 발표를 잘하고 싶다면 '이 발표를 통해 어떤 결과를 얻고 싶은가'에 주안점을 두세요.

긴장을 탓하지 말아요. 발표하다가 땀이 나면 그냥 두세요. 저도 강의하다 보면 땀이 흐르지만, 개의치 않습니다. 말을 하면서 에너지가 소모되는 현상일 뿐이에요. 얼굴이 빨개지는 것도, 숨이 막히는 것도 긴장 때문이 아니에요. 홍조는 신경 쓸수록 더 빨개져요. 저도 그랬는데요. '내 얼굴은 말할 때 빨개져' 인정해 버리고 신경을 안 쓰니까 홍조가 사라졌어요. 숨이 막히는 건 숨을 안 쉬어서 그래요. 말을 길게 하니까 숨을 마실 타이밍을 놓쳐서 그렇습니다. 문장을 짧막하게 끝내고, 편하게 숨을 들이마시세요. 눈앞이 하얘지는 건 체내에 산소가 부족해서 그래요. 천천히 호흡하세요. 발표 내용을 달달 외우지 마세요. 외웠기 때문에 틀리는 것이고, 틀려서 신경 쓰이는 것입니다.

스크립트의 내용은 나만 안다

'무슨 말을 할 것인가'보다 중요한 건 '어떤 말을 청중에게 남길 것인가'입니다. 발표에서 할 말, 스크립트를 쓰는 건 찬성합니다. 글을 많이 쓸수록 말을 잘한다고 저는 믿습니다. 저 역시 스크립트를 많이 썼는데요. 스크립트를 달달 외우면 발표 실력이 늘지 않아요. 발표는 청중과의 대화지, 내가 외운 것을 선보이는 자리가 아닙니다.

스크립트에 쓴 내용은 나만 알아요. 발표하면서 스크립트에 쓴 대로 하지 않고, 뒤죽박죽 말하거나 무언가를 빠트려도 괜찮습니다. 청중은 내가 스크립트에 무엇을 썼는지 모르기 때문이에요. 우리는 배우처럼 대본대로 연기하는 게 아니잖아요. 그것이 잘하는 발표도 아닙니다. 잘하는 발표는 살아 있는 청중과 실시간으로 연결된 채 생생하게 대화하는 거예요. 인생이 각본대로 흘러가지 않듯이 발표도 내가 짠 스크립트대로 흘러가지 않는 게 자연스럽습니다.

생각해 보세요. 친구들과 수다를 떨 때 주제가 수시로 넘나듭니다. 날씨 얘기를 했다가, 학교에서 들은 이야기를 했다가, 갑자기 하고 싶은 말을 합니다. 그런다고 해서 친구가 "왜

이야기를 정신 사납게 해?”라고 말하지 않지요. 이처럼 발표
도 자연스럽게 하는 게 가장 멋져요. 일상에서 쓰는 말투로,
여유롭게, 편안한 표정을 지으면서, 청중과 대화하세요. 이를
위해서 제가 실천했던 발표 준비법을 알려 드릴게요.

가장 먼저 목차를 만든다

목차부터 쓰세요. 발표 자료를 만들기 전에 가장 먼저 목차
를 정리합니다. 책의 목차처럼 말할 내용의 순서를 정하는 거
예요. 문장이 아닌 문구로 쓰세요. 번호를 달면 정리가 잘돼
요. 글쓰기의 핵심은 수정입니다. 목차부터 여러 번 고치세
요. 내 마음에 쏙 들 때까지.

서론-본론-결론을 떠나서 ‘이야기를 한다’고 생각하세요.
사람들은 잘 정돈된 이야기보다 재미있는 이야기에 매료됩니
다. 청중이 아닌 한 사람에게 이야기를 들려준다고 생각하고,
소리를 내면서 목차를 짜세요. 앉아 있는 청중은 발표자 한
사람만을 보기 때문에 ‘일대일로 대화한다’는 느낌을 받을 때
발표에 푹 빠져서 이야기를 듣습니다.

각 목차에서 어떤 말을 할 것인지 하위 목차를 짜세요. 예를 들어, '긴장은 성장의 신호다'라는 이번 장에서 저는 '긴장은 성장의 신호다, 긴장을 없애려 말고 발표를 잘하려고 하자, 스크립트의 내용은 나만 안다, 가장 먼저 목차를 만든다, 멋진 발표를 보장하는 스크립트 쓰는 법, 키워드를 보면서 자연스럽게 발표하기'를 말하기 위해 하위 목차로 만들었습니다.

멋진 발표를 보장하는 스크립트 쓰는 법

이렇게 목차가 완성되면 스크립트를 쓰는 게 수월합니다. 처음 쓰는 스크립트는 빠르게 처음부터 끝까지 쓰세요. 말하듯이 씁니다. 제출하는 글을 쓰는 게 아니라 발표, 즉 청중과 대화하는 글을 쓴다는 사실을 기억하세요. 고모나 이모처럼 친척 여성 어른에게 말한다고 가정하면 어조가 친절하고 공손해집니다.

분량을 줄이세요. 발표는 짧게, 핵심을 담아서 집중을 끌어내야 합니다. 알맹이가 없는 발표는 청중의 이목을 잡을 수 없어요. 주어진 발표 시간을 넘기거나 너무 짧게 하지 말고요. 어떻게 하면 주어진 시간 동안 알찬 내용으로 꾸려 갈 수 있을까 구상하세요. 청중에게 도움이 되는 이야기여야 통합니다. 인간은 자신에게 이로운 것을 반기기 때문입니다.

이제 스크립트를 수없이 고칩니다. 이 책도 초고는 한 달 만에 마쳤어요. 퇴고는 수개월 동안 했습니다. 글이란 퇴고가 핵심입니다. 내가 쓴 글을, 직접 들으면서 수정해 보세요. 내 글을 소리로 들으면 객관적으로 분석할 수 있어요. 재미없는 부분은 바꾸고, 중복되는 표현도 고치고, 순서를 바꿔서 다시 들어 보면 흐름이 훨씬 매끄러워집니다. 이 과정을 내 마음에 쏙 들 때까지 적어도 스무 번 이상 반복하세요. 처음부터 끝까지 들었을 때, 한 글자도 고칠 게 없고, 전부 집중해 들었다면 완성된 것입니다.

키워드를 보면서 자연스럽게 발표하기

스크립트가 완성되면 발표 자료를 만드세요. 목차는 각 장 표에서 제목이 될 테고, 목차에 담긴 글에서 중요한 단어나 문장은 장표의 본문에 싣습니다. 그러면 발표 자료를 몇 분 안에 만들 수 있고, 막힘없이 발표할 수 있습니다. 발표 자료가 완성되면 키워드만 보면서 말하세요. 어떻게 문장을 완성할까 고민하지 마세요. 키워드가 전달되는 게 중요하지, 어미는 상관없습니다.

이 과정을 녹음해서 들어 보세요. 흐름이 이상하지 않은지 확인하세요. 그러면 자신감이 생깁니다. 내가 생각한 것보다 훨씬 자연스럽게 발표하는 나를 확인할 수 있기 때문입니다. 녹음을 자주 하고 들으면 객관적으로 스스로 분석할 수 있고, 발표 실력이 늘어요. 참고로 자신의 목소리가 듣기 싫은 건 낯설기 때문입니다. 자주 들으면 목소리가 좋아집니다. 철저한 준비를 거듭하면 발표를 압도적으로 잘하는 날이 옵니다. 노력은 우수한 결과를 보장합니다.

청중의 마음을
사로잡기

말이란 상대방에게 무언가를 전하기 위한 수단입니다. '잘 들리게' 말하는 게 중요해요.

발표할 때 '여러분'을 부르자

흔히 발표를 시작할 때 이렇게 말합니다. "제가 오늘 말씀드리고 싶은 주제는 기후 위기 시대에 우리가 할 수 있는 실천에 관한 내용입니다.", "지금부터 (제가) 발표를 시작하겠습니다." 발표자 중심의 말하기죠? '제가', '저는', '제 생각은'과 같이 '나'를 주어로 자꾸 말하면 청중의 집중력이 떨어집니다. 남의 이야기를 오래 들어 주는 건 힘든 일이에요. 아무리 도움이 되는 이야기여도 그렇습니다.

만약 누군가를 변화시키기 위해 주장을 펼치는 거라면 더 더욱 '나'를 주어로 말하는 건 피해야 해요. 왜냐하면 강요하는 것 같아 반감이 들 수 있기 때문입니다. 앞으로는 듣는 사람인 '청중'을 중심으로 말해요. 주어를 '나'에서 '여러분'으로 바꿉니다.

"여러분은 오늘 어떤 이야기를 듣기 위해 이 자리에 오셨나요?"

'질문형'으로 말하면 청중이 주목한다

내가 말하려는 주제를 질문으로 화두를 던져 보세요. 순식간에 청중의 집중력이 높아지는 것을 느낄 수 있습니다. "여러분, 기후 위기 시대에 우리는 무엇을 할 수 있을까요?" 이 방법으로 처음부터 끝까지 발표하면 듣는 사람은 쉽게 주목합니다. 자신들에게 이야기를 들려주는 기분이 들어서, 집중력을 발휘하지 않아도 자연스럽게 듣고 몰입합니다.

소주제가 바뀔 때도 질문형으로 말하면 자연스럽고, 주목을 이끄는 데 효과적이에요. "다음 장을 보시겠습니다" 대신 "다음 장을 볼까요?"라고 말하는 거예요. "그래프를 한번 보시겠습니다" 대신 "그래프를 한번 볼까요?", "이 현상이 생기는 이유가 있습니다" 대신 "왜 이런 현상이 생길까요?"라고 말해 보세요.

일상에서 하는 말투대로 발표하자

질문형으로 말하는 건 대답을 얻기 위한 게 아니에요. 우리는 평상시에도 자연스럽게 질문을 섞어서 대화합니다. 예를 들어, 주말에 경포대에 다녀온 이야기를 친구한테 말합니다. "너 경포대 가 봤어? 나는 지난 주말에 처음 갔는데, 풍경이 아주 멋지더라." 일상에서 자주 하는 대화체 그대로 발표하면 자연스럽고 여유 있게 보입니다.

'–니다'라고만 말하지 말고, '–요', '–죠'라는 표현도 자주 쓰세요. 어른한테 "저것 좀 주세요"라고 말하는 건 자연스럽죠? 그런데 발표할 때는 "저것 좀 주시겠습니까?"처럼 말합니다. 딱딱하죠. 하지만 발표용 말투가 따로 있지 않아요. 자기 모습 그대로 발표하는 게 가장 잘하는 발표입니다.

주장할 때는 '-니다'라고 말하자

말에도 강약이 필요합니다. 모든 문장을 '-니다'라고 말하면 중요한 문장이 무엇인지 청중이 스스로 찾아야 해요. 그러나 발표자가 중요한 문장을 티가 나게 말하면 청중은 수월하게 중요한 내용을 알아듣습니다. 듣는 피로도를 낮춰 줄수록 청중은 나의 말에 끝까지 집중합니다. 앞으로는 중요한 의미가 담긴 문장에만 '-니다'를 사용해 보세요.

"청중을 부르기 여러분, 주제를 질문형으로 언급하기 기후 위기를 막기 위해 우리가 할 수 있는 건 무엇일까요? 주장1 쓰레기를 만들지 않는 것입니다. 화두를 던지기 어떻게 쓰레기를 만들지 않을 수 있을까요? 주장2 먼저 새 옷을 사지 않습니다. 주장3 그다음 일회용품을 쓰지 않습니다. 주장4 그리고 아껴 씁니다."

주장을 뒷받침할 때는 '-요'라고 말하자

주장을 뒷받침하기 위해서는 약한 문장이 필요해요. 설명하거나 사례를 들면서 논리를 탄탄하게 만드는 거죠. 이때는 '-요'와 '-죠'를 적절히 혼용해서 말해 보세요. 앞의 예시에 이어서 주장을 뒷받침할 때 이렇게 말할 수 있어요.

"여러분은 옷을 자주 사나요? 저는 한때 유행하는 옷을 좋아했었는데요. 굳이 다른 사람이 만든 유행을 따를 필요가 있나, 하는 생각이 들었어요. 그때부터 옷에 대한 개념이 바뀌었어요. 활동하기 편한 옷, 오래 입을 수 있는 옷, 나에게 잘 맞는 옷을 입었어요. 주장 그랬더니 제 삶이 더 주체적으로 바뀌었습니다. 게다가 이런 습관이 지구를 살리는 데 보탬이 된다는 걸 깨닫고 더욱 열심히 실천하고 있어요."

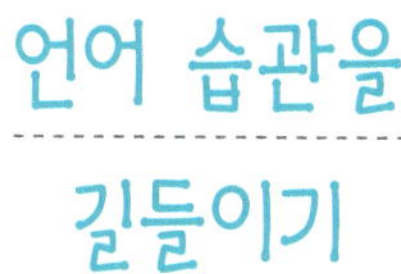

언어 습관을
길들이기

일상의 말투를 다듬는 것이 성공적인 삶으로 향하는 첫걸음입니다. 말 한마디를 어떻게 하느냐에 따라 인생의 경로가 달라집니다. 언어 습관을 내 인생에 유리하게 길들이세요. 이러한 노력은 훗날 내 꿈을 이루는 데 빛나는 결실을 가져다 줄 것입니다.

사람의 마음을 사로잡는 다정한 말

많은 사람이 내 편에 설 때 나의 꿈은 성대하게 이뤄져요. 그러려면 많은 사람의 마음을 사는 말을 알아야 할 텐데요. 세계적으로 유명한 최정상의 가수 테일러 스위프트를 아시나요? 그의 노래를 들으면 기분이 좋아지고, 희망이 생기고, 위로를 받아요. 테일러는 외로웠던 어린 시절에 자신에게 힘을 준 노래처럼 수많은 사람에게 희망을 들려줍니다. 그 진심이 많은 사람을 사로잡아요.

따뜻한 노랫말처럼 다정한 말이 사람의 마음을 사로잡습니다. 논리적으로 말하거나 단호하게 말하거나 똑 부러지게 말하는 것보다 위대한 말은 다정한 말입니다. 다정한 말이 오래가고, 사람을 변화시킬 수 있습니다. 나는 어떤 말을 잘하는 사람인가요? 친구들과 어떻게 말하면서 대화하나요? 점검해 보아요. 그리고 앞으로 다정하게 말하려고 노력해요.

중요한 순간 말을 잘하는 유일한 방법

사람들 앞에 서는 자리가 생길 것입니다. 길을 가다가 기자가 인터뷰 요청을 할 수도 있고요. 친구들의 추천으로 학급 임원 선거에 나갈 수도 있어요. 수학 경시대회에 나가서 상을 받고 수상 소감을 말할 수도 있습니다. 이 모든 갑작스러운 상황에서 말을 잘할 수 있는 유일한 방법은, 평소에 훈련하는 것입니다.

저는 첫 사회생활을 위해 면접을 볼 때 가장 힘들었어요. 면접에서 무슨 말을 해야 할지도 고민됐지만, 면접관들과 어떤 이야기를 나눠야 하나, 막막했어요. 지금은 갑자기 방송 요청이 오거나 당장 강연 자리에 서거나 5분 뒤에 갑작스럽게 인터뷰를 해도 잘할 수 있어요. 저는 준비되어 있으니까요. 매일 일상의 말을 다듬고 있어요.

비속어, 욕, 속어를 쓰지 않기

욕을 하지 마세요. 저는 어릴 때 친구들과 욕을 섞어 가며 대화했어요. 어엿한 성인이 된 지금도 욕하면서 말하는 친구가 있어요. 저도 물론 욕할 때가 있습니다. 그런데 1년에 손에 꼽을 정도로 현저히 적습니다. 마음속으로 하지 말자고 다짐해요. 왜냐하면 갑자기 방송에 출연했을 때 말이 잘못 나올 수도 있기 때문이에요. 그럼 어떻게 될까요? 방송 사고로 이어질 테고, 평생 후회할 일이 생길지도 몰라요.

실제로 방송에서 좋지 않은 말을 해서 자취를 감춘 사람도 더러 있는데요. 이들은 평상시에도 욕을 하기에 습관이 그대로 나온 것뿐입니다. 배우나 가수처럼 정해진 대본을 말하거

나 노래를 부르는 게 아니라 내 생각을 말하는 자리라면 평
상시 습관이 고스란히 드러납니다. 인간은 자신의 분야에 집
중하고 좋아하는 일을 찾으면, 어느 순간 위대한 반열에 올라
요. 그때 나를 더욱 빛나게 하는 것이 '말'입니다. 욕은 가장
낮은 수준의 말이니 멀리하세요.

욕은 '상대방'뿐만 아니라 '나'에게도 하는 것

어릴 때는 욕을 잘하는 게 멋있어 보일 수도 있어요. 그러
나 조금만 시간이 지나면 눈살을 찌푸릴 것입니다. 욕을 잘하
는 건 어디서도 자랑할 수 없어요. 욕을 잘한다고 무서워 보
이지도 않습니다. 게다가 욕은, 비아냥거리거나 속되게 이르
는 말입니다. 생성 자체가 누군가를 다치게 하는 못된 말입니
다. 아무리 화가 나도 욕하지 마세요.

어떤 차가 깜빡이도 켜지 않고 갑자기 끼어들면 욕하는 사
람이 있는데요. 상대방 운전자가 그 욕을 들을 수 있나요? 차
안에 있는 나와 동승자만 듣습니다. 상대방에게 욕을 해도,
나 역시 욕을 듣습니다. 가장 크게 듣는 건 나예요. 나에게 좋
은 말을 해 주세요.

대상이 누구든 동등하고 바르게 말하세요. 동등하게 말하는 법은 사람의 나이나 지위에 따른 높낮이를 두지 않고 말하는 것입니다. 나이별로 할 수 있는 말이 따로 있지 않습니다. 지위에 따라서 가려야 하는 말도 없습니다. 모두에게 할 수 있는 말을 구사할 때, 우리는 더 많은 사람 앞에서 당당하고 힘 있게 이야기할 수 있어요.

바르게 말하는 것은 표준국어대사전에 나와 있는 단어를 사용해 올바르게 이야기하는 것입니다. 누구나 알아듣게 말하는 것만으로도 많은 사람을 포용할 수 있습니다. 누군가가 알아듣지 못하는 말이라면, 그 말이 욕이든 비속어든 유행어든 방언이든 외래어든 전문용어든, 못 알아들은 사람은 대화에서 소외될 수 있어요. 만일 그 말을 꼭 해야 하는 상황이라면 풀어서 설명해 주세요. 모든 사람이 알아들을 수 있는 말이 나를 위대하게 만듭니다.

아나운서처럼
또박또박 말하기

아나운서처럼 또박또박 말하는 법은 무엇일까요?

한 글자씩 발음하면 또렷하다

좋은 소리를 내려면 또렷하게 발음해야 해요. 모두 좋은 목소리를 가지고 있지만 그렇게 들리지 않는 이유는 부정확한 발음 때문입니다. 웅얼거리면 답답한 소리가 나고요. 소리가 잘 들리지 않아서 상대방이 되묻기도 해요.

우리나라 발음은 '또박또박'이라는 수식어가 붙지요. 또박또박하게 말한다는 뜻은 한 글자씩 또렷하게 발음한다는 의미로 해석해도 좋습니다. 영어는 단어를 통째로 말하거나 의미 단위로 묶어서 말하기 때문에 발음이 굴러가는데요. 우리나라 말은 단어를 통째로 발음하기보다 한 글자씩 분절해서 발음하면 소리가 또렷해집니다.

모음을 잘 발음하려면 아래턱을 벌린다

모음은 턱을 벌려서 발음합니다. 턱을 벌린 채 발음해야 소리가 입 밖으로 나가요. 우물거리거나 웅얼거리면 자신감 없고 의기소침해 보이는데요. 이를 탈피하는 방법은 입을 열어서 소리를 뱉는 것입니다. 입술이 아니라 '턱'을 벌려야 한다는 점에 유의하세요.

입을 벌려서 발음할 때 턱이 벌어지는지 확인해요. 윗니와 아랫니의 어금니 사이가 벌어지는지 보세요. 새끼손가락이 들어갈 정도의 넉넉한 틈이 필요합니다. 턱이 가장 좁게 벌어지는 '으'마저도 틈이 있어야 소리가 분명해집니다.

국어에는 총 21개의 모음이 있습니다.

단모음: ㅏ, ㅐ, ㅓ, ㅔ, ㅗ, ㅚ, ㅜ, ㅟ, ㅡ, ㅣ

이중 모음: ㅑ, ㅒ, ㅕ, ㅖ, ㅘ, ㅙ, ㅛ, ㅝ, ㅞ, ㅠ, ㅢ

윗입술에 힘을 주어 발음한다

윗입술을 코 쪽으로 올리면서 '우' 소리 내어 볼까요? 거울을 보면서 따라 해 보세요. '우' 발음을 잘하려면, 인중과 윗입술이 맞닿은 지점에 힘을 주어서 윗입술을 들어 올려야 합니다. 그러면 윗입술 선이 분명하게 살아나요. 이때 윗니는 두 개 이상 보이는 게 좋아요. 치아가 크지 않으면 윗잇몸까지 보입니다.

'수수께끼'를 발음할 때도 윗입술에 힘을 준 채 [수수]를 발음합니다. [께끼]는 윗입술에 힘을 주고 든 채로 발음해요. 다시 말해 [수수]를 말할 때는 윗입술이 코 쪽으로 올라가면서 튀어나오고, [께끼]를 발음할 때는 제자리에서 코 쪽으로 들어 올려지면서 소리가 납니다.

윗입술을 든 채 말하면 표정이 밝아져요. 웃을 때는 윗니가 보이죠? 윗입술을 들고 말하면 윗니가 보여서 웃으면서 말하는 효과가 납니다. 상대방에게 호감을 줄 수 있어요. 소리도 시원해지고요. 아래턱을 아무리 벌려도 소리가 시원하지 않을 수 있는데요. 윗입술이 덮여서 그렇습니다. 윗니 사이로 바람이 빠져나가면서 소리가 납니다. 창문 역할을 하는 윗입

술이 열려 있어야 윗니 사이로 바람이 나오면서 정확한 소리
가 전달됩니다.

자음 발음을 잘하려면 'ㅎ'에서 바람을 뱉자

자음은 바람 소리가 많이 납니다. 특히 'ㅎ'이 들어간 글자
에서 바람을 뱉으면서 발음하세요. 소리가 시원하게 들리고
자신감 있어 보입니다. 우리나라 동사는 '-하다'로 끝나는 말
이 많지요. 말하다, 행동하다, 표현하다, 대단하다, 성공하다,
확인하다, 점검하다. 이처럼 '하'는 단어의 중간에 있어서 발
음을 또박또박하지 않으면 뭉개져서 [아]처럼 들립니다. [마
라다, 행동아다, 표혀나다, 대다나다, 성공아다, 화기나다, 점
거마다] 등처럼 발음하면 틀립니다.

정확하게 발음하려면 'ㅎ'에서 바람을 불어서 소리 내야 합
니다. [말하다, 행동하다, 표현하다, 대단하다, 성공하다, 화긴
하다, 점검하다]가 맞는 발음이에요. 숨을 마시고, 정확히 소
리 내면서 단어를 발음해 보세요.

[말ː하.다], [행.동.하.다], [표.현.하.다], [대ː단.하.다],
[성.공.하.다], [화.긴.하.다], [점.검.하.다]

참고로 'ㅅ'에서 새는 소리가 나거나 혀 짧은 소리가 나기도 하는데요. 정확히는 바람 새는 소리가 덜 나면 그렇게 들립니다. 혀가 길어서 소리가 새어 나가는 길을 막아서 그래요. 'ㅅ'을 발음할 때는, 혀끝은 앞니 뒤쪽에 위치하지만 앞니와 붙지 않고 떨어져 있어야 해요. 그 상태로 바람이 새어 나가도록 [스-] 소리를 내 보세요. '사'를 발음할 때도 한 번에 [사]라고 소리 내지 말고 [스-+아]라고 발음하면 정확한 소리가 납니다.

힘 있게 말하고 싶을 때는 된소리를 강하게 말하자

강하게 발음하는 자음이 있어요. 된소리 'ㄲ, ㄸ, ㅃ, ㅆ, ㅉ'입니다. 받침은 초성에 영향을 미쳐요. '알겠습니다'라는 어절은 [알겓씀니다]로 발음합니다. '습'이 [씀]으로 소리가 나는 이유는 '겠'의 받침인 'ㅆ'의 영향을 받아서예요. 받침은 [ㄱ, ㄴ, ㄷ, ㄹ, ㅁ, ㅂ, ㅇ]로만 소리가 나요. 받침 'ㅆ, ㅅ, ㄷ, ㅌ, ㅊ, ㅈ, ㅎ' 등이 [ㄷ]으로 소리가 바뀝니다. 따라서 발음할 때 [알겐]이 되고 'ㄷ' 받침이 뒤따른 초성에 영향을 미쳐서 [씀]으로 된소리가 나요. 고맙습니다[고맙씀니다], 다녀왔습니다[다녀왈씀니다], 괜찮습니다[괜찬씀니다] 등이 [씀]으로 발음하는 경우예요.

된소리를 강하게 발음하면 뜻이 확실히 전달됩니다. [씀]을 강하게 발음하는 방법은 바람 소리를 강하게 내는 겁니다. 숨을 마시고 치아를 닫은 채 [쓰-] 소리를 내 보세요. 바람이 새는 소리가 먼저 난 뒤에 [쓰+음]이라고 발음하면 정확한 소리가 납니다.

발음을 잘하는 꿀팁

국립국어원 표준국어대사전 사이트[*]에 자주 검색하세요. 단어 옆에 대괄호[ ] 안의 말이 정확한 발음입니다. 저는 아나운서를 하면서 원고에 있는 모든 낱말의 발음을 검색했어요. 그 습관이 십여 년이 지난 지금도 남아 있어서 계속 좋은 발음을 유지합니다. 눈으로 보고 확인하는 것만으로도 여러

* http://stdict.korean.go.kr/

가지 발음을 알 수 있습니다.

　내가 알던 발음이 아닌 경우도 많아요. 예를 들어, 홀대[홀때], 인기척[인끼척], 김밥[김ː밥, 김ː빱]이 대표적입니다. 검색하기 전에는 [홀대], [인기척], [김빱]이 맞는 줄 알았어요. 쌍점(ː)은 장음 표시입니다. 모음은 단음과 장음이 있어요. 장음은 길게 발음한다는 뜻이고요. 단어의 첫 글자에서만 유효합니다. 턱을 좀 더 벌려서 모음을 길게 발음하면 됩니다.

처음 보는 사람마저
신뢰하게 만드는 법

처음 보는 사람도 나를 신뢰하게 만들 수 있을까요? 언제 어디서나 당당하게 말하는 방법이 있어요.

한 문장을 한 번에 말하기

제가 가장 많이 권하는 방법입니다. 한 문장을 한 번에 말하면 자신감 있어 보여요. 반대로 생각해 볼까요? 자신 없이 말하는 사람은 어떤 특징이 있지요? 더듬거립니다. "제가…… 그, 그런 뜻으로 말한 거, 것은 아니었고……." 간투사를 많이 씁니다. 간투사는 '아, 음, 어, 이제'처럼, 말하면서 쓰는 말의 부류를 뜻해요. "어, 제가 지금부터 이제 어, 하려는 말은 음, 그러니까 제가……." 간투사가 자주 등장하면 문장이 늘어집니다.

한 문장을 한 번에 말하는 것은 간투사를 사용하지 않고 한 번에 말하는 거예요. 글을 쓸 때는 띄어 쓰지만, 말할 때는 띄어 말하지 않습니다. "한 문장을 한 번에 말하면 자신감 있게 들립니다." 이 문장은 글을 쓸 때는 단어마다 띄어 쓴다는 원칙을 따릅니다. 말할 때는 "한∨문장을∨한∨번에∨말하면∨자신감∨있게∨들립니다"라고 띄어 말하지 않지요. 자주 띄어 말하면 의미가 전달되지 않습니다. 띄어쓰기 없이 한 번에 쭉 이어 말하는 거예요.

[한문장을한번에말하면자신감있게들립니다]

단어 첫 글자에 힘을 주면 의미가 잘 전달된다

문장의 뜻을 잘 전달하기 위해서 단어 첫 글자에 힘을 줍니다.

[한문장을한번에말하면자신감있게들립니다]

'한 문장'의 '한'에는 힘을 주지 않아도 돼요. 말을 시작할 때는 자연스럽게 힘이 들어가고, 뒤로 갈수록 점점 힘이 떨어지죠. 그러므로 문장의 첫 단어는 힘을 주지 않아도 힘 있게 들립니다.

'한 번에 말하면'을 하나의 덩어리로, '한'에만 힘을 줍니다. '말하다'라는 동사를 '한 번에'라는 부사가 꾸며 주고 있기 때문이에요. '자신감 있게'라는 말도 '자신감 있다' 또는 '자신감 없다'처럼 쓰이기 때문에 한 덩어리로 묶어서 말합니다. 이처럼 문맥에 따라 의미별로 덩어리를 묶어서 단어의 첫 글자마다 힘을 주면서 말하면 잘 들립니다. 말의 맛도 살아요.

서술어 하나가 나오면 문장을 마무리 짓기

문장이 너무 길면 한 문장을 한 번에 말하기 힘듭니다. 상대방이 알아듣기도 어렵겠지요. 상대방이 잘 이해하고, 내가 잘 말할 수 있는 문장의 길이가 적절합니다. 문장에서 가장 중요한 단어는 '서술어'입니다. 서술어는 동사로, 문장의 의미를 결정지어요. '음식이 나왔다', '음식이 없어졌다', '음식이 만들어지는 중이다'처럼 '음식'이라는 주어는 변하지 않지만, 어떤 동사가 붙느냐에 따라 의미가 달라집니다. 특히 우리나라의 문장 구조상 서술어는 맨 마지막에 위치해요. 이러한 이유로 문장 끝에서 말을 힘없이 하면 자신감 없게 들립니다.

이를 효과적으로 개선하는 방법은 문장을 짤막하게 하는 것입니다. 서술어가 하나 나오면 문장을 매듭짓습니다. 예를 들어, "오늘 학교에서 그림을 그렸는데, 기린 그림을 잘 그려서 선생님께 칭찬을 받고, 수업 끝나고 친구들과 떡볶이를 먹었어요"라는 문장이 있어요. 이 문장을 소리 내서 읽어 보면 길어서 한 번에 말하기가 힘듭니다. 서술어마다 문장을 끊어 볼까요?

"오늘 학교에서 그림을 그렸어요. 기린 그림을 그렸는데요. 선생님께서 잘 그렸다고 칭찬을 해 주셨어요. 수업이 끝나고 친구들과 떡볶이를 먹었어요."

문장마다 한숨으로 한 번에 말하기 쉬워요. 모든 문장을 힘 있게 말할 수 있습니다.

글을 쓸 때도 말할 때도 짧은 문장을 늘리자

긴 문장으로 말할 수밖에 없는 상황이 있습니다. 우리가 매번 완벽한 문장을 구사하는 건 아니니까요. 이를 대비하기 위해 짧은 문장으로 말해요. 그래야 말할 때 꼬이지 않습니다. 말하면서 더 긴장이 되거나 말이 빨라지는 이유는 문장이 길기 때문이에요. 문장이 기니까 숨을 어디서 마셔야 할지 몰라서 말이 더 빨라지죠. 체내에 호흡이 달려서 숨이 가빠지는 겁니다.

앞으로 문장을 30자 이내로 마쳐요. 그러면 한 문장을 말할 때 숨이 차지 않고, 안정적으로 말할 수 있습니다. 바로 앞의 문장은 28자예요. 소리 내서 말해 보세요. 한 번에 말할 수 있을 것입니다. 저도 단문으로 쓰고 있어요. 두세 줄을 넘어가는 문장은 보기 힘듭니다. 짧은 문장일수록 독자의 이해도가 높기에 단문을 쓰는 거예요. 저는 독자가 술술 읽을 수 있는 글을 쓰고 싶습니다.

특히 마침표를 찍어요. 채팅할 때도 긴 문장으로 말하거나 마침표를 찍지 않는 경우가 많아요. "마침표를 찍으면 냉정해 보인다", "마침표 찍기 귀찮다"라고 말하는 사람도 있던데요. 띄어쓰기와 문법을 지키는 이유는 글을 읽는 사람이 내용을 바르고 빠르게 이해하도록 하기 위해서입니다.

똑똑한 사람의
논리적인 말하기

논리적인 말하기가 유용할 때가 있습니다. 논리는 말이나 글에서 사고나 추리 따위를 이치에 맞게 이끌어 가는 과정이나 원리를 말해요. 내가 주장을 관철할 때 논리적으로 말하면 상대방이 빠르게 수용할 수 있어요. 주장이 대립할 때 논리력이 있으면 상대방이 내 주장을 효과적으로 받아들일 수 있습니다. 무엇보다 논리적으로 말하면 똑똑해 보입니다.

정확하게 말하기

정확하게 말하려고 노력하세요. 논리적인 말하기는 사실을 정확하게 전달한다는 장점을 넘어 나를 논리적인 사람으로 보이게 합니다. 정확하게 말하려면 사물을 주의 깊게 보는 관찰력이 필요합니다. 관찰력을 기르는 연습법이 있어요. 내가 리포터라고 가정해 볼까요? "정리나 리포터, 지금 어디에 있나요?" 내가 있는 곳을 시청자가 알기 쉽게 정확히 전달하는 것입니다.

"네, 저는 지금 회의실에 나와 있습니다. 여기는 열 명의 사람이 들어올 수 있는 크기의 회의실입니다. 회의실 가운데 긴 테이블이 있고, 서로 마주 보고 앉는 형태입니다. 의자는 총 열두 개가 있습니다."

이야기를 듣는 사람은 객관적인 정보를 바탕으로 비슷한 그림을 그릴 것입니다. 반대로 주관적인 표현이 들어가면 각자 다른 그림이 그려질 거예요. "저는 지금 회의실에 나와 있습니다. 여기는 사람들이 여럿 들어올 수 있는 곳입니다. 의자도 곳곳에 있습니다." 이렇게 말하면 논리적이지 않고, 정확한 정보 전달에도 실패합니다.

누구나 이해하도록 비유를 들기

뉴스는 대중을 대상으로 방송합니다. 국민의 알 권리를 충

족하기 위해 누구든 이해하도록 보도하는데요. 그 방법 중 하나가 비유입니다. 예를 들어, "10미터 높이의 옥상에서 화분이 떨어졌습니다"라는 문장에서 10미터 높이를 가늠하지 못할 수 있어요. 인간의 키는 2미터 이하가 보편적이니까요. 뉴스는 비유를 듭니다. "10미터는 아파트 3층 높이입니다."

"지난 주말 극한 호우로 축구장 2,500개 크기의 농경지가 물에 잠겼습니다." 이는 '농경지 1,800여 헥타르'라는 표현을 알기 쉽게 표현한 문장이에요. "일본은 지난해 초까지만 하더라도 사실상 마이너스 금리였죠." 이 문장에 이어서 앵커는 말합니다. "다시 말해 돈 빌리는 비용이 거의 안 든다는 것입니다.” 마이너스 금리를 알기 쉽게 풀어 말한 것입니다.

부사 대신 정보로 말하기

　나이가 어릴수록 부사를 많이 씁니다. 물론 어른도 편한 사람에게 말할 때 부사를 자주 씁니다. “너무너무 싫어.”, “완전 좋아.”, “진짜 그만해.” 부사는 내가 말하고자 하는 바의 의미를 더해 주는데요. 다양한 부사를 사용하지 않고, 특정 부사만 쓰면 의미 전달이 빈약해집니다. 논리적으로 말하려면 부사 사용을 줄이고 사실 그대로 표현합니다.

　예를 들어, 친구가 완전 좋다면 얼마나 좋은지 사실대로 표현하는 거예요. “나는 엄마 다음으로 네가 좋아. 가족만큼 좋다는 뜻이야. 그만큼 나는 너를 소중한 친구로 여기고 있어.” 진짜 그만하라고 말하기보다는 얼마나 기분이 나쁜지 표현하는 거예요. “네가 그렇게 행동하면 내 마음은 슬퍼져. 이런 기분을 느끼고 싶지 않아. 그만해.”

단어의 의미를 해석하기

내가 이 단어를 어떤 뜻으로 썼는지 해설해요. 단어는 사전적 의미가 있지만, 똑같은 의미로 해석되지 않습니다. 각자 살아온 경험에 따라 단어를 수집하고, 의미를 해석하기 때문이에요. 사람마다 개별적인 국어사전이 있다고 여기면 돼요.

예를 들어, "나는 밝은 성격이야"라고 말했어요. 어떤 사람은 '밝은 성격'의 의미를 '어둠에서도 희망을 찾는 낙관적인 성격'으로 해석합니다. 어떤 사람은 '난관에서도 좌절하지 않고 이겨 내는 성격'이라고 알아들어요. 어떤 사람은 '잘 웃다', '해맑다'로 받아들여요. 논리적으로 말하려면 내가 쓰는 단어가 어떤 뜻인지 해석을 보태요. 그러면 나의 말을 계속 따라오는 효과가 생겨요.

"저는 밝은 성격입니다. 여기서 제가 말하는 '밝다'의 뜻은 어려운 일이 있어도 금방 헤쳐 나온다는 뜻입니다."

예시를 들어 의미를 선명하게 보여 준다

예시를 들면 의미를 더 선명하게 보여 줄 수 있습니다. 예시를 들 때는 이런 표현을 쓰면 알맞습니다. '가령, 예를 들어서, 예시를 들자면, 다시 말해, 즉, 그러니까, 일상에서 예를 찾는다면' 등이 있습니다.

"저는 밝은 성격입니다. 해석 여기서 제가 말하는 '밝다'의 의미는 어려운 일이 있어도 금방 헤쳐 나온다는 뜻인데요. 예시 들기 예를 들어서 저는 최근에 성적이 떨어져서 좌절했어요. 나는 해도 안 되는 건가, 싶었어요. 그렇지만 이미 일어난 결과에 낙담하기보다 앞으로 나아가는 게 좋은 일이라는 것을 깨달았어요. 그때부터 아침에 눈을 뜨면 10분씩 문제 하나를 풀고 있습니다. 이처럼 저는 밝은 성격으로 제 삶을 개척해 나가고 있습니다."

다정하게
말하기

다정하게 말하면 세상을 얻을 수 있습니다. 세상은 다정한 사람에게 마음을 활짝 열기 때문이에요. 저는 다정하게 말하려고 매일 노력해요.

부정어를 쓰지 않기

"아니", "싫어", "안 해", "짜증 나" 대부분 흔히 쓰는 부정어입니다. 하루에 얼마나 많은 양의 부정어를 쓰는지 세어 보면 깜짝 놀랄 거예요. 앞으로 부정어 대신 진짜 하고 싶은 말을 하세요. 예를 들어, "아니, 안 할 거야"라는 말 대신 "이것부터 할 거야"라고 말합니다. "안 해"라는 말 대신 가능한 것에 집중합니다. "이것을 할래"라고 말합니다.

함께 놀자는 친구의 말에 거절할 때도 마찬가지입니다. "지금은 안 돼"라고 하기보다 "내일 이 시간엔 가능해"라고 말합니다. "짜증 나"라는 말도 하지 마세요. 짜증 난다고 말해 봤자 짜증만 더 커질 뿐 감정이 사라지지 않아요. 저는 이 말이 입 밖으로 나오려고 하면 침으로 삼켜서 막습니다.

진짜 하고 싶은 말을 하기

부정어를 자주 쓰는 이유는, 진짜 하고 싶은 말을 피하기 위해서인지도 몰라요. 그 말을 한 뒤의 상황이 안 좋을까 봐 고민되는 것이지요. 가령 아빠가 책 선물을 해 주기로 했는데, 까먹었어요. 그럴 때 "아빠는 진짜 너무해"라고 부정어를 말하는 대신, 하고 싶은 말을 솔직하게 하세요.

"나는 아빠가 나와 나눈 이야기를 기억하지 못해서 서운해. 책 선물해 주기로 했었던 거 기억나?"

친구에게도 솔직한 마음을 전하세요. 만일 친구들이 주말에 놀러 다녀온 이야기를 해요. 나는 함께하지 못해서 대화에 낄 수 없어요. 왠지 소외되는 기분을 느끼는데, 내색하지 않을 때가 있어요. 진심을 말하세요.

"나도 같이 다녀오고 싶었는데 못 가서 속상해. 얼마나 재미있었
어? 뭐 했는지 궁금해. 들려줘."

다정한 한마디를 보태기

다정한 말을 습관으로 만듭니다. "고맙습니다"에 한 문장을
더 보태는 거예요. 상대방 덕분에 내 기분이 얼마나 좋아졌는
지, 어떤 기분이 들었는지 표현합니다. 예를 들어, 지하철에
서 자리가 났는데, 먼저 앉으라고 배려해 준 사람이 있어요.
"고맙습니다. 배려해 주셔서 감사합니다." 짧게 한마디라도
더 보태면 고맙다는 말보다 몇 배의 감사함이 전달됩니다.

택시를 탔는데, 기사님이 친절하게 지리를 설명해 주십니
다. "감사합니다. 지리를 설명해 주시니까 세상이 달라 보여
요." 친구가 약속 장소로 우리 집 근처까지 와 줬어요. "고마
워. 나를 배려해 준 덕분에 숙제를 마치고 나올 수 있었어."
식당에서 맛있는 음식이 나오면 나부터 먼저 챙기는 어머니
에게 말하세요. "고맙습니다. 밥 먹을 때마다 엄마의 사랑을

느껴요. 엄마도 더 드세요. 다음에는 제가 챙겨 드릴게요.”

나 자신에게 다정하게 말하기

누구보다 나에게 다정하게 말하는 것이 제일 중요합니다. 사람은 타인에게 관대해도 자기 자신에게 그렇지 못할 때가 많아요. 하루에 세 번 이상 나를 칭찬해 볼까요? 아침에 일어나서 한 번, 집에 돌아갈 때 한 번, 잠들기 전에 한 번.

아침에 화장실에 가서 거울을 보고 나에게 인사해요. “안녕, 오늘도 반가워.” 수고한 일을 한 뒤에도 칭찬을 보내세요.

"오늘도 수고했어. 열심히 하루를 보낸 거 칭찬해." 잠들기 전에도 칭찬해요. "하루를 멋지게 보냈어. 잘했어."

설사 내 마음에 안 든 행동을 했거나 내 기준에 스스로 부합하지 못했거나 자신과의 약속을 지키지 못했을 때도 다정하게 다독이세요.

"괜찮아. 잘했어. 내일은 그만큼 더 하면 되잖아."
"이렇게 생각하는 것만으로도 잘하고 있는 거야."

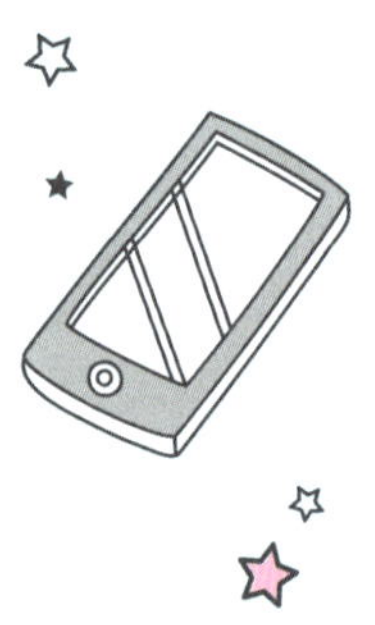

6장

세상을 내 편으로
만드는 방법

인연을
소중하게 대하기

　인연은 사람들 사이에 맺어지는 관계를 뜻합니다. 현재 나를 둘러싼 사람, 과거에 나를 스쳐 간 사람, 미래에 나와 만날 사람까지 모두 인연이에요. 인연은 어느 때에 끊어진 것 같다가도 이어지고, 멀어진 것 같다가도 다시 나타납니다. 제 이야기를 들으면 인연을 소중하게 대할 수 있을 거예요.

제주도에서 만난 중학교 친구

　제주도에는 제가 종종 집필하러 가는 공유 사무실이 있어요. 거기서 10년 전에 연락이 끊긴 친구를 우연히 만났어요. 저는 깜짝 놀랐는데요. 친구는 마치 어제 본 것처럼 담담하게 인사했어요. 그 친구는 중학생 때부터 알던 사이예요. 이십

대 때는 꽤 친하게 지냈는데, 서서히 멀어졌어요. 친구와 산
방산을 보면서 이야기를 나눴어요.

친구는 제주도로 이주했고, 두 아이의 아빠가 됐어요. 개발
자라서 재택근무를 자주 하는데, 사람들과 이야기가 하고 싶
어질 때면 공유 사무실에 온대요. 가장이 돼서인지 10년 전에
알던 장난꾸러기 같은 모습은 자취를 감췄어요. 친구가 변한
만큼 멀어졌던 우리 사이가 체감됐어요.

친구는 헤어지면서 말했어요. "또 보면 밥 먹자." 담백한, 그
리고 적당한 인사였어요. "연락처가 뭐야?"라고 서로 묻지 않
았어요. 어차피 알아도 서로 연락하며 지내지 않을 거라는 것
을 아니까요. 인연이 닿으면 언젠가 또 만나겠죠.

공항 환전소에서 만난 대학교 친구

제주도에서 돌아오고 한 달 뒤, 영국 런던으로 출장을 갔어
요. 저는 주로 카드로 계산해서 환전을 잘 하지 않는 편인데
요. 그날따라 환전이 하고 싶었어요. 수속을 밟는 카운터 옆
에 환전소가 있었지만, 왠지 다른 곳으로 가고 싶었어요. 한

참을 가서야 환전소 하나가 나타났어요. 파운드로 교환하는데, 한 남성이 옆 창구에서 엔화로 바꿔 달라고 했어요. 그런데 아는 목소리인 거예요. 아주 친한 대학 동창이었어요. 서로 보자마자 외쳤어요. "네가 왜 여기 있어!"

동창은 일본으로 출장에 가는 길이래요. 박장대소하는 우리를 본 은행 직원들은 말했어요. "여기서 10년째 근무하는데, 친구분들이 마주친 건 처음 봐요." 우리가 친해진 지 19년째 되는 해였어요. 어떻게 바로 그 시간에, 그 환전소에서 우리는 마주쳤을까요? 인천공항은 하루 평균 이용객 수가 20만 명 정도나 돼요. 세상이 우리를 이어 준 것 같았어요.

동창은 저를 배웅해 줬어요. 공항에 들어와 함께 걸으면서, 여행에 함께했던 날, 유학길에 배웅해 주던 날이 떠올랐어요. 혼자 가는 출장길에 동창의 배웅을 받아 더없이 기분이 좋았어요. 하늘이 이렇게 말하는 것 같았어요. "사람들에게 다정하게 대하라. 인연은 계속된다."

비행기에서 만난 사업가들

그렇게 영국으로 떠났다가 일정을 앞당겨 갑작스레 한국으로 돌아왔어요. 비행기에서 일기를 쓰는데, 누가 아는 체를 하는 거예요. 2년 전에 일로 만났던 어느 기업의 대표였어요. 대표는 파리에서 영국으로 출장에 왔다가 한국으로 돌아가는 길이었어요. 하늘에서 마주친 인연이라니. 저는 이 우연을 필연으로 생각하지 않을 수 없었어요.

그로부터 두 달 뒤 제주도에 출장 갔다가 서울로 돌아오는 비행기에서 또 다른 대표를 만났어요. 그 대표도 2년 전에 만나 함께 일했어요. 우리는 반갑게 인사를 나눴어요. 저는 자리에 앉아서 생각했어요. '인연은 정말로 계속되는구나. 만날 사람은 만나지는구나. 한번 맺은 인연은 끊어지지 않는구나.'

인연을 소중하게 대하기

예전에 저는 멀어진 관계는 끝났다고 생각했어요. 그런데 인연은 돌고 돌아 형태를 바꿔 가면서 이어집니다. 여기에 적지 못한 수많은 인연이 있어요. 저는 이제 인연은 끝나지 않는다는 것을 진실로 받아들였어요. 모두에게 친절하자, 결심했습니다. 어차피 이어질 인연이라면 잘하기로요. 인연을 이어 가기 위해 애쓰는 게 아니라 순간순간 잘 대해 주기로 마음먹었어요.

모르는 사람이거나 깊은 관계가 없는 사람에게는 쌀쌀맞게 굴거나 무관심할 때가 있잖아요. 그런데 이것도 인연이라는 것을 깨달았습니다. 80억 명의 지구인 중에서 지금 내 옆을 지나치는 사람도 인연 아니겠어요? 이렇게 마음을 달리 먹었더니, 저도 어느새 처음 보는 낯선 사람과 눈이 마주치면 미소를 짓거나 눈인사를 합니다. 친절한 인사만으로도 인연을 소중히 대하는 태도가 전해질 거라 믿습니다.

내가 바꿀 수 있는 것에
집중하기

친구가 내 외모를 놀려요.

친구 너 공룡 닮았어!

나 뭐? 지는 오랑우탄처럼 생긴 주제에!

나를 놀리는 친구를 한 대 쥐어박고 싶어요. 거울에 비친 내 얼굴을 보면 '진짜 공룡 같나?', '다른 사람도 그렇게 생각하나?' 싶어요. 내 얼굴이 마음에 안 들어요.

마음에 들지 않는 내 모습

청소년이 되면 타인의 눈으로 나를 바라보기 시작합니다. 친구가 놀리는 말 한마디에도 크게 흔들려요. 저는 초등학생 때 친구가 오리궁둥이라고 놀렸어요. 너무 창피하고 제 엉덩이가 마음에 안 들었는데요. 나이가 들면서는 엉덩이가 처지는 게 걱정이라서 오히려 오리궁둥이를 다들 부러워합니다.

왜 친구들은 외모를 놀릴까요? 아무 의미가 없습니다. 낙서하듯 그저 떠드는 것뿐이에요. 한낱 연기처럼 사라질 의미 없는 말에 신경 쓰지 말아요. 물론 외모는 중요합니다. 사람이 처음 대면할 때 눈으로 보니까요. 그런데 여기서 말하는 외모는 어떻게 생겼는지, 무엇을 입었는지, 몸매가 어떤지가 아니에요. '인상'입니다.

겉모습보다 중요한 내면의 빛

영화 〈본 투 비 블루〉를 보다가 에단 호크라는 배우에게 압도된 적이 있어요. (이 영화는 나중에 어른이 되면 한번 감상해 보세요.) 그의 눈빛 때문이었어요. 화면을 뚫고 나오는 눈빛이 어찌나 강렬한지. 저는 그날 이후 에단 호크에게 빠졌고, 그 배우가 나오는 영화를 골라 봤어요. 에단 호크처럼 주변에도 눈길을 사로잡는 사람이 있어요. 겉모습이 아니라 내면에서 뿜어져 나오는 빛 때문이에요.

'눈매'보다 중요한 건 '눈빛', '생김새'보다 중요한 건 '분위기', '이목구비'보다 중요한 건 '표정', '키'보다 중요한 건 '자세', '몸집'보다 중요한 건 '체력'이에요. 눈·코·입을 의술로 예쁘게 매만져도 시선이 안 가는 사람이 있지요. 눈길을 사로잡는 빛이 나오지 않기 때문이에요.

반면에 몸집이 작고 왜소해도 눈에 힘이 있고, 작은 체격에서도 날렵함이 느껴지는 사람이 있어요. 반듯한 자세와 여유로운 표정을 지은 사람, 남다른 분위기로 왠지 다른 차원의 사람같이 느껴지는 이들에게 우리는 사로잡힙니다. 그리고 이런 느낌은 우리가 스스로 만들 수 있습니다. 내면의 빛을 갈고닦아요. 내가 바꿀 수 있는 것에 집중해요.

눈빛의 힘을 기르자

사람을 처음 볼 때 눈에 시선이 먼저 갑니다. 눈빛에 힘이 있으면 말하지 않아도 눈빛만으로 상대방을 제압할 수 있어요. 눈이 반짝거리는 사람은 세상을 호기심 있게 바라보고, 타인의 이야기를 진심으로 경청하는 것처럼 보여요. 이런 눈빛을 가진 사람 앞에서는 솔직해집니다.

눈빛의 힘을 기르는 방법은 상대방의 두 눈을 쳐다보는 거예요. 타인의 눈을 피하면 눈빛의 힘을 기를 수 없습니다. 미간이나 인중이 아닌 두 눈을 주시하세요. 대화할 때 상대방의 눈을 바라보세요. 수업을 들을 때 선생님의 눈을 바라보세요. 영화나 드라마를 볼 때 출연자의 눈을 쳐다보세요. 주문할 때 직원의 눈을 보고 말하세요.

눈을 오랫동안 보면 상대방이 부담스러워하지 않냐고요? 걱정하지 마세요. 계속 보세요. 저는 어릴 때부터 지금까지 줄곧 상대방의 두 눈을 쳐다보고 대화합니다. 그 누구도 눈을 뚫어지게 본다고 뭐라고 한 적이 없어요. 되레 아주 좋아합니다. 자신을 진정으로 바라봐 주기 때문이에요.

사람을 매료시키는 분위기를 만들자

생김새보다 중요한 건 분위기입니다. 제가 추천하는 분위기는 '고상함, 발랄함, 차분함'이에요. 고상한 분위기는 말을 함부로 하지 못하게 하는 힘이 있어요. 마치 고급 레스토랑에 갈 때 격식을 차리는 것처럼 단어를 고르게 하고 격이 떨어지는 말을 가리게 합니다. 발랄한 분위기를 풍기면 그 사람 앞에서는 어린아이처럼 솔직하고 명랑한 모습을 드러내게 되죠. 차분한 분위기는 진중하고 신뢰할 수 있는 이미지를 만들어 믿고 따르게 하는 힘을 발산합니다.

이를 위해 태도와 자세를 가다듬어요. 고상한 분위기를 위해서 산만한 행동을 줄여 볼까요? 대화할 때는 대화에 집중합니다. 밥을 먹을 때는 밥 먹는 데 집중하고요. 여러 동작을 바쁘게 하지 않는 거예요. 그러면 여유가 생기고 집중력도 길러져, 가만히 있어도 매력적인 풍모가 갖춰집니다.

발랄한 분위기를 만드는 법은 진솔해지는 것입니다. 해맑은 웃음을 지으면 돼요. 발랄하게 웃고, 명랑하게 삶을 즐기고, 긍정적인 마음으로 일상에 임하세요. 아침에 눈을 뜨면 '오늘도 살아났구나!' 하고 활기차게 하루를 맞이하세요. 매 순간 즐거울 것입니다. 이렇게 내면의 힘을 기르면 친구가 놀려도 기분 상하지 않고 차분하게 대응할 수 있어요.

친구 너 공룡 닮았어!

나 너는 그렇게 생각하는구나.

잔소리와 조언을 구분하는 법

할머니가 사사건건 잔소리를 해요.

할머니 창문에 붙어 있지 마라. 창문 깨지면 큰일 난다.

나　창문에 붙어 있는 게 아니라 그냥 밖을 구경하는 거예요.

할머니 얘가 왜 그렇게 위험하게 굴어. 할머니가 말하면 알겠어요,

하고 말을 들어야지.

나 할머니가 틀리게 말하니까 그렇잖아요. 그냥 밖을 본 거라

고요.

할머니는 바쁜 부모님을 대신해 나를 돌봐 주세요. 나는 할머니를 사랑하고 할머니와 같이 있으면 재미있기도 하지만, 내가 하는 행동을 못마땅하게 여겨서 잔소리하고, 때로는 과장하며 말해서 속상해요. 내가 정말 위험하게 구는 걸까요? 할머니의 잔소리를 어떻게 받아들여야 할까요?

잔소리와 조언의 차이

잔소리는 듣기 싫은 말, 조언은 듣기 좋은 말로 나눌 수 있습니다. 듣기 싫은 말은, 내가 바라는 말이 아닌 것, 내가 지향하는 바와 맞지 않은 말이에요. 듣기 좋은 말은, 내가 바라는 말, 내가 지향하는 바와 맞닿은 말이에요. 그런데 지금은 듣기 싫은 잔소리지만, 시간이 지나면 조언처럼 피와 살이 되는 잔소리도 있어요.

어머니는 어린 저에게 매일 말씀하셨어요. "차 조심해라.", "나갈 때 전깃불 다 끄고 나가라. 불나면 큰일 난다.", "어두운데 돌아다니지 마라.", "위험한 데는 절대 가는 게 아니다.", "맨홀 뚜껑 밟지 마라.", "아침 굶으면 머리 나빠진다.", "창문 닫혀 있는지 확인해라. 비 들이친다." 매번 들으니까 잔소리 같았어요.

그때의 어머니 나이가 된 현재의 저는, 맨홀 뚜껑을 피해 걷고, 집에서 나갈 때는 전기가 꺼졌는지 확인하고, 건강한 식사로 첫 끼니를 챙기고, 집단속을 해요. 귓전에서 어머니의 목소리가 울려요. 그리고 이 목소리가 "딸아, 사랑한다" 하는 말로 들려요. 아마도 여생을 사는 동안 제 귀에서는 계속 어머니의 목소리가 들리겠죠. 그때마다 눈물겹도록 반가울 거예요.

조언에도 자격이 필요하다

사는 동안 가족뿐만 아니라 어른들, 심지어 처음 보는 이웃집 어른부터 오늘 보고 말 사람까지 수많은 사람이 조언할 것입니다. 어떤 말을 새겨들어야 하고, 어떤 말을 흘려보내야 할까요? 때로는 마음에 생채기를 내더라도 수용할 만한 조언이 있지 않을까요? 성장을 위해서 그런 말들 앞에서 어떤 태도를 지니면 좋을까요?

잔소리가 쓸모없는 말이고, 조언이 쓸모 있는 말이라면, 이 둘을 구분하는 방법이 있어요. 조언은 '자격'이 필요합니다. 나를 해석하는 데 많은 시간을 쏟은 사람은 조언할 자격이 있어요. 시간은 목숨과 같으므로, 나를 키우고 돌본 사람이라면 내가 성장하는 데 많은 시간을 쏟았기에 조언할 자격이 있습니다. 나를 양육한 부모님, 보호자, 선생님 등이 해당되겠지요. 다만, 자격이 있어도 당사자인 내가 원하지 않으면 조언할 수 없어요.

목숨을 바쳐 나를 해석하지 않은 사람은 내게 조언할 자격이 없습니다. 그런 사람이 하는 말은 흘려보내세요. 그 말을 듣고 나 자신을 돌아볼 필요도 없습니다. 나를 잘 모르는 사람이 한 말은 영향력이 없으니, 비수가 되지도 상처를 내지도 않아요. 아무리 그가 권위가 있고, 지식이 있고, 사회적으로 덕망이 있는 사람이라고 해도 듣지 마세요. 나를 해석하는 데 시간을 쏟지 않았으므로 그 조언은 내게 통하지 않아요. 그의 삶에서만 유효한 조언이므로 내게는 잔소리입니다. 이 차이를 숙지해 두면 앞으로 쏟아지는 잔소리와 조언을 구분해 들을 수 있어요.

조언은 올바른 방향과 정확한 방법이 있다

내게 유용한 이야기지만, 이야기를 듣고 난 뒤에 혼란스럽다면 조언이 아닙니다. 쓸모없는 말이므로 흘려보내세요. 유용한 조언은 '올바른 방향'과 '정확한 방법'이 담겨 있습니다. 그런 조언은 듣고 나면 뒤죽박죽 엉켜 있던 실타래가 풀려 생각이 명료해지고, 나아가는 힘이 생기고, 실행에 착수하게 됩니다. 그렇지 않은 조언은 조언이 아닌 잔소리, 쓸모없는 말입니다.

예를 들어, 친구가 말합니다. "발표할 때 목소리가 작아서 자신감이 없어 보였어." 이건 조언이 아닙니다. 올바른 방향이나 방법이 담겨 있지 않지요? 이런 말은 듣고 나면 위축됩니다. 내가 발표할 때 자신 없어 보였다고 평가하고 지적하니까요. 조언은 지적이나 평가가 아닙니다. 지적이나 평가는 과거의 말입니다. 참된 조언은 미래를 향합니다.

참된 조언은 개인의 목표와 맞닿아야 한다

올바른 방향은 '왜 발표할 때 목소리가 잘 들려야 하는가'에 대한 타당한 이유가 담깁니다. 그 이유가 내게 이로워야 변화 의지가 생깁니다. 마땅히 그래야 한다는 건 없습니다. 조용하게 발표할 수도 있고, 신나게 발표할 수도 있고, 왈가닥하게 발표해도 됩니다. 틀린 발표란 없습니다. 그러므로 진심으로 상대방을 위한 변화를 이끌려면 설득해야 하고, 그 이유는 상대방이 살고 싶은 인생과 맞닿아 있어야 합니다. 즉, 개별적인 이유가 필요하지요.

정확한 방법이란 "자신감이 없어 보였다"라는 말 대신 자신감 있게 말하는 방법을 구체적으로 제시하는 것입니다. 기준은 '바로 따라 할 수 있도록' 말하는 것입니다. 친구는 내가 목소리가 작고 자신감 없어 보였다고 했지만, 친구의 시선이 나를 규정할 수 없습니다. 개인적인 생각일 뿐입니다. 목소리가 크고, 자신감 있게 말하는 게 발표할 때 어떤 점에서 유리하고 좋은지를 설명하고, 바로 실천할 방법을 제시한다면 참된 조언입니다.

"**정확한 방법** 발표할 때 목소리를 지금보다 세 배는 크게 해 봐. 설

 그러면 자신감 있게 보일 거야. 발표할 때 자신감 있으면 청중이 주목하잖아. 그럴수록 자신감이 생겨서 더욱 안정적으로 발표를 마칠 수 있어. 다음에 발표할 때는 교실 맨 뒷자리까지 들릴 수 있게 해 봐. 그러면 소리가 우렁차서 누구에게나 잘 들릴 거야.”

사랑하는 이들의 잔소리를 긍정적인 조언으로 승화하기

앞선 예시는 저의 어머니와 리나의 실제 대화입니다. 둘은 친구처럼 잘 지내다가도 서로 삐지고, 다퉈요. 저는 어머니의 딸이기에, 잔소리를 조언으로 해석할 수 있습니다. 저 역시 어머니를 해석할 수 있을 만큼 수많은 세월을 함께 보내며 애정과 시간을 바쳤으니까요. 할머니는 손녀에게 “창문 깨지면 큰일 난다”라고 으름장을 놓았어요. 그 말을 해석해 봅니다.

“할머니는 우리 귀여운 손녀딸이 세상에서 제일 소중해요. 리나가 창문에 다가가면 혹시라도 깨져서 사고가 날까 봐 할머니는 심장이 내려앉을 정도로 깜짝 놀라요. 할머니가 걱정이 많아서 그래요. 우리 리나가 바깥을 구경하고 싶어서 그런 거지요? 창문에 다가가더라도 밀지는 말고, 한 발 뒤로 물러나서 볼 수 있을까요?”

열 살인 리나가 할머니의 말뜻을 헤아리기는 쉽지 않을 것입니다. 들리는 대로 들을 테니까요. 저 역시 오랜 세월 어머니의 조언을 잔소리로 받아들였던 것처럼요. 내가 잔소리로 듣는 이유는 부모님이 나를 미덥지 않아 하는 것 같기 때문이에요. 나를 어린애로 보는 게 싫고, 잔소리하지 않아도 알아서 잘하는데, 엄마는 왜 아직도 저렇게 말하는가, 하고 생각하는 거죠.

저는 리나에게 할머니의 마음을 말해 줬어요. 옆에 계신 어머니는 자기 마음이 바로 그거라며 맞장구를 쳤어요. 어머니는 앞으로 리나에게 말할 때 한 번 더 생각해서 말하겠다고 했는데요. 시간이 조금 걸릴 것 같긴 해요. 하지만 노력하면 더디더라도 변합니다. 사랑하는 사람의 조언을 잔소리로 듣기 전에, 그 안에 담긴 사랑의 말을 헤아릴 수 있기를 바랍니다. 조금이라도 일찍 그 마음을 알면 가족과 더욱 잘 지낼 수 있으니까요.

모든 사람을
설득할 수 있다

부모님은 생일이나 크리스마스를 특별히 챙기지 않아요.

예솔 아빠가 생일 선물로 아이패드 사 주셨어!

나 그래? 좋겠다.

예솔 너도 곧 생일이잖아. 아빠가 무슨 선물 사 주신대?

나 나는 자전거 사 달라고 할 거야.

예솔이한테는 이렇게 말했지만, 아빠가 자전거를 사 주실까요? 아빠는 자기 생일뿐만 아니라 엄마나 내 생일, 크리스마스 같은 특별한 날을 챙기지 않아요. 케이크를 사 오거나 선물을 준 적이 별로 없어요. 예솔이가 부러워요. 우리 집도 바뀔 수 있을까요?

나는 모두를 설득할 수 있다

위축될 필요 없어요. 모든 순간, 모든 상황에서 내 손으로 직접 변화를 만들 수 있습니다. 소리 내어 말해 볼까요? "나는 모두를 설득할 수 있다." 앞으로 원하는 게 있을 때 주문처럼 소리 내서 말하세요. 의지가 샘솟을 것입니다. 저는 이 문장이 떠오르는 순간, 떨궜던 고개가 앞을 향하고, 입술을 앙 다물며, 힘이 불끈 솟습니다. 내 안에서 피어나는 설득의 힘을 느낍니다.

설득하지 않으면 상황에 잠식당합니다. 예솔이 집과 비교하다 보면 예솔이가 부러워지고, 기념일을 챙기지 않는 우리 집은 어둡게 느껴지고, 부모님이 야속해 보여요. 그러나 설득하는 사람이라면 이런 기분 따위 느끼지 않습니다. 곧장 생각합니다. '아빠를 어떻게 설득하지?', '어떻게 말하면 자전거를 얻을까?', '앞으로 가족의 생일을 챙기자고 설득할까?' 무력하게 포기하지 말고 설득하세요. 설득은 '이걸 하면 상대방에게 무엇이 좋은가'에 대한 답이라고 앞서 이야기했죠. 설득을 위한 문장을 하나씩 만들고, 대답을 작성해 봅시다.

생일 선물로 자전거를 얻는 설득하기

앞의 상황은 리나가 생일을 앞두고 아빠에게 선물로 자전거를 받고 싶다고 해서 만든 예시예요. 리나는 말했어요. "아빠는 생일 안 챙겨. 자전거도 사 줄지 모르겠어." 저는 리나에게 말했어요. "리나야, 앞으로 갖고 싶은 게 있으면 설득하면 돼. 네가 바꿀 수 있어. 고모랑 아빠를 설득하는 연습을 해 볼까?" 저는 설득을 위한 질문을 여러 개 만들었어요.

1. 자전거를 타면 어떤 점에서 본인에게 이로운가? 예를 들어, 무거운 교과서를 넣은 가방을 메지 않고 자전거로 운반해서 편하다, 덕분에 공부를 더 잘할 수 있다, 먼 거리를 이동할 때 대중교통을 타지 않고 자전거를 타면 경제적이다 등.

2. 자전거를 일주일에 며칠을 탈 것인가? 자전거를 산 것이 소비가 아니라 투자가 되도록 자주 여러 번 타는 게 상대방에게 사 준 보람을 줄 수 있다. 횟수나 기간 등 수치화하면 사실적으로 여겨진다.

3. 예전에 자전거를 탈 때 얼마나 즐거웠는가? 감정을 말하

면 본인에게 얼마나 가치 있는지를 상대방도 느낄 수 있
다. 즐거움, 설렘, 스트레스 해소, 상쾌함, 신남 등으로 감
정을 상세히 표현할 것. 다만 두루뭉술한 이야기는 뜬구
름 잡는 소리 같으므로 예시를 들기. 예시는 육하원칙
으로.

4. 자전거를 지금부터 잘 타면 미래에 어떤 점에서 이롭다
고 여기는가? 예를 들어, 해외여행에 가서 자전거를 타
고 다니며 많은 것을 보고 체험할 수 있다, 자전거를 타
면서 기초 체력을 길러서 튼튼해진다, 운신의 폭이 넓어
지고 시야가 확장돼 꿈이 커진다 등.

5. 자전거를 탈 때 발생할 수 있는 위험 요소에 어떻게 대
비할 것인가? 인간은 부정적인 것을 상상하면서 불안과
걱정을 만들어 반대한다. 이를 상쇄하는 전략을 말하면
상대방의 불안을 잠재울 수 있다. 예를 들어, 헬멧을 쓴
다, 자전거도로로만 다닌다, 안전한 공원만 간다 등.

리나는 골몰하면서 답문을 썼어요. 결연해 보이기까지 했
어요. 조금 전 아빠 이야기를 하면서 슬퍼 보이던 표정은 사

라졌어요. 저는 리나가 쓴 문장을 보고, 리나가 자전거를 얻을 거란 확신이 들었어요. 이렇게까지 말하는데 안 사 줄 부모님이 있을까요? 모든 설득에 이 방법을 적용해 보세요. 나는 설득할 수 있는 사람입니다.

조르기와 설득하기는 엄연히 다르다

자전거를 사 달라고 조르고, 삐져서 며칠 동안 말을 안 하고, 부모님과 다투기도 합니다. 어린애 같은 행동이지요? 조르는 행동은 부모님의 입장에 서서 생각하지 않을 때 나옵니다. 부모님이나 친구처럼 친한 사이에서는 조르고 투정을 부리지만, 안 친한 사람한테는 어떻게 할 건가요? 포기하고 물러날 건가요? 더 나은 사람으로 성장하기 위해 설득하는 사람이 됩시다.

부모님이 엄해서 무조건 반대하는 게 아닐 수 있습니다. 인간의 행동에는 결정적인 계기가 있어요. 예를 들어, 과거에 자전거를 사 줬지만 자주 타지 않는 모습을 봤거나, 자전거로 크게 다친 아이의 이야기를 들었다거나, 여러 이유가 있을 것입니다. 그런데 다 말할 에너지도 없고, 이런 표현을 하는 게 부모로서 위신이 떨어진다고 여겨 짧게 "안 돼"라고 말하는 것일지도 모릅니다.

때로는 원하는 게 있어도 부모님의 사정을 배려해서 말하지 않고 참기도 하는데요. 내가 원하는 것을 원한다고 말하세요. 참으면 계속 참게 되고, 살아가는 일이 답답해집니다. 나에게 꼭 필요하고, 나에게 도움이 되고, 나의 삶을 발전시킬 수 있다는 확신이 있다면 설득하세요. 내 인생은 내 손으로 건설하는 것입니다.

소비가 아닌
투자를 하자

친구가 새로 나온 스마트폰을 사서 자랑해요. 거기까지 하면 좋으련만, 내 폰이랑 비교해요.

친구　(뻐기면서) 난 갤럭시 신형이다. 네 건 뭐야? 아이폰 구형? 유물 아냐?

나　(쳇) 나도 다음 달에 새로 나오는 아이폰 살 거야.

매번 새로 나온 물건을 사고 으스대는 친구예요. 잘난 체하는 꼴도 별론데, 내 것과 비교하면서 말할 때는 꼴도 보기 싫어요. 아이돌 굿즈 샀다고 자랑하고, 유명 아이돌이 신은 신발을 샀다고 자랑하고, 게임 아이템을 샀다고 자랑하는 친구들. 이럴 때마다 나는 초라해져요.

겉치레가 나를 보여 주지 않는다

분명히 말하건대, 인간의 소유가 그 사람을 대변하지 않습니다. 으리으리한 집에 산다고 품격도 으리으리할까요? 명품 옷을 휘감는다고 그 사람도 명품일까요? 인격이나 품격은 끊임없이 노력한 자만이 가질 수 있습니다. 이는 보이는 게 아니라 느껴지는 거예요. 추레한 옷을 입어도 품격 있는 말과 행동을 하는 사람은 무리 속에서 빛납니다. "지체가 높다, 남다르다, 탁월하다, 대단한 인품이다"라는 말이 절로 나오는 사람을 보면 경외감이 듭니다.

물건은 쓸모를 위해 탄생한 거예요. 고가든 저가든 어느 브랜드든 따지기 전에 나를 중심으로 사고하세요. 이 물건이 나에게 쓸모 있는가, 내 삶에 의미 있는가를 판단합니다. 남이 산다고 따라 사는 건 남의 인생을 따라 사는 것입니다. 내 인생에 물건이 갖는 의미를 정해야 현명하게 돈을 사용할 수 있습니다.

이 물건은 나에게 의미가 있는가

저는 유행에 민감했어요. 입고 싶은 옷도 많았는데요. 돈이

모자라서 사고 싶은 옷을 못 사면 속상했어요. 용돈을 더 주지 않는 부모님이 밉기도 했어요. 그런데 이 모든 것에 의미가 없어진 시절이 왔습니다.

아나운서였을 때였어요. 아나운서는 협찬 옷을 입습니다. 스타일리스트가 협찬 옷을 빌려 오면 방송할 때 잠깐 입고 돌려줘요. 보통 정장을 입고, 반듯한 이미지로 시청자 앞에 서는데요. 시청자에게 신뢰를 주기 위해서예요. 저의 선호나 유행보다는 시청자가 뉴스에 집중할 수 있는 옷이어야 합니다. 만약 화려한 옷이나 지저분한 차림새라면 시청자는 뉴스가 아닌 저에게 시선을 빼앗기겠죠? 그러지 않도록 뉴스를 잘 전달하는 목적에 충족하는 옷을 입는 거예요.

이때부터 저는 물건을 대하는 개념이 바뀌었습니다. 옷이나 제가 걸치는 모든 것이 비언어로 전달되는 것을 깨달았어요. 게다가 협찬 옷을 입으니 출퇴근 때는 편한 옷을 입고 다녔는데요. 점심시간에 식당에서 주문하면 사장님들이 물었어요. "아나운서세요? 목소리가 좋아요." 아나운서가 된 건 스물세 살이었어요. 저는 내 안에서 나오는 무언가로 나를 보여 줄 수 있다는 것을 알았습니다. 그때부터 유행을 좇지 않아요. 모든 시간을 내면을 갈고닦고, 제 인생에 중요하게 여기는 가치관대로 사는 데 몰두합니다.

투자일 때만 돈을 쓴다

저는 돈을 쓸 때 '투자'인지 따져 봅니다. 소비는 돈이나 물자, 시간, 노력 따위를 들이거나 써서 없앰을 뜻합니다. 투자는 이익을 얻기 위해 어떤 일이나 사업에 자본을 대거나 시간이나 정성을 쏟음을 말합니다. 소비는 없어지고, 투자는 생기는 거예요. 저는 이익을 얻는 투자만 합니다.

예를 들어, 옷을 살 때 평생 입을 옷만 삽니다. 평생 입으면 투자입니다. 평생 입을 거라서 좋은 옷을 삽니다. 저에게 좋은 옷이란 세탁기에 빨고 건조해도 품질이 유지되고, 활동하기 편한 옷입니다. 저는 패션업 종사자가 아니라 옷에 시간을 들이지 않습니다. 옷 관리에 소홀해도 살아남는 품질을 선호합니다. 이런 품질을 갖춘 브랜드의 제품만 삽니다.

하나 이상 있으면, 입지 못하게 될 때까지 평생 안 삽니다. 이를테면 수영복이 있어요. 10년을 입어도 멀쩡하면 새 수영복을 안 삽니다. 낡아 떨어질 때까지요. 잘 맞는다고 해서 여러 개를 사지도 않습니다. 아이쇼핑도 하지 않습니다. 시간을, 제가 중요하게 여기는 데 투자합니다.

돈에 대한 가치관을 갖자

투자일 때만 돈을 쓴다, 이는 돈에 대한 저의 가치관입니다. 그래서 누군가 제게 치장에 관련해 이야기하면 제 신념에 따라 말합니다. 예를 들어, 제 스마트폰 가죽 케이스가 너덜너덜했던 적이 있었어요. 그걸 본 친구가 말했어요. "너는 돈 벌어서 얻다 써. 케이스 좀 사." 저는 말했습니다. "케이스는 하나도 중요하지 않아."

저는 스마트폰 최신 기종 중에서도 가장 상위 버전을 씁니다. 사업적으로 투자하는 것입니다. 스마트폰으로 영상과 사진을 찍고, SNS 채널에 올리고, 세금계산서를 발행하고, 매일 글을 쓰고, 결제하고, 메일을 주고받고, 비대면 미팅을 하고, 내비게이션을 보고, 일정을 관리하는 등 수많은 업무를 처리합니다. 스마트폰을 산 비용보다 훨씬 많은 돈을 스마트폰으로 법니다.

그러나 스마트폰 케이스는 돈을 벌어 주지 않아요. 러닝을 하며 스마트폰을 레깅스 주머니에 넣었더니, 열기 때문인지 케이스의 가죽이 닳았어요. 그러나 단단한 본체는 여전해 스마트폰을 보호하는 데 문제가 없었어요. 좋은 케이스든 낡아 빠진 케이스든 제게 중요하지 않습니다. 남이 어떻게 보든 무슨 상관인가요. 이처럼 돈에 대한 가치관이 있으면 소유나 치장으로 으스대는 사람 앞에서 흔들림이 없습니다. 돈에 대한 나만의 가치관을 만들어 보세요.

무척 재미있는 일로
돈을 벌자

어른들은 모이면 내 미래를 가정해요. 나는 내 인생이 어떻게 흘러갈지 모르겠어요.

아빠 얘는 농구를 좋아해. 농구선수를 하고 싶으면 하고, 청소부가 되고 싶으면 해. 뭐가 되든 리나가 하고 싶은 걸 해.

엄마 진짜 리나가 청소부가 돼도 좋아? 얘는 맨날 노래 불러. 어디 가면 연예인 시켜야 하는 거 아니냐고 해.

할머니 리나는 커서 의사가 되고 싶다고 했다. 의사 돼서 할머니 무릎도 수술해 준다고 했다.

홍수 리나는 뭘 하는 게 즐거워?

리나 (땅만 바라보며) …….

리나는 이 대화가 빨리 끝나기를 바라는 눈치였어요. 자신의 답변이 어른들에게 영향을 줄 걸 알아서 함구했어요. 저는 말했습니다. "리나야, 뭘 하든 네가 진짜 재미있는 걸 해. 그러면 무엇이든 잘할 수 있어."

평생 하게 될 '일'

미래에 나는 어떤 일을 할까요? 상상해 본 적 있나요? 어릴 때 저는 공부는 왜 하는지, 대학교는 왜 가는지 이해가 안 갔어요. 미래에 뭘 할지 상상한 적도 없었어요. 미래는 나와 무관하다고 여겼고, 지금 나의 하루가 미래에 어떤 영향을 줄지 가늠도 못 했어요. 그런데 이제는 알아요. 나의 오늘이, 1년 후, 10년 후, 30년 후의 오늘을 다르게 만든다는 것을요.

그중에서도 가장 큰 영향을 끼치는 것은 바로 '일'이에요. 학교를 졸업하면 성인은 일을 합니다. 건강이 허락하는 한, 아마 평생 일할 것입니다. 의문이 들 수 있어요. '재력 있는 집안에서 태어나면 일하지 않아도 되지 않나?', '많은 자산을 축적하면 경제적 자유를 얻어 일을 안 해도 되지 않나?'

저의 지인 중에 자산가가 있어요. 그 자산을 유지한다면 아마 3대까지는 가족 구성원이 일하지 않아도 될 거예요. 그런 그가 속마음을 털어놨어요. "제 이야기는 과거의 영광에 묻혀 있어요. 저는 계속 영향을 미치는 일을 매일 꾸준히 하고 싶어요." 은퇴하거나 퇴임을 앞둔 사람들도 비슷한 고민을 해요. 이들을 보면서 저는 깨달았어요. 일이 인간에게 얼마나 큰 영향을 끼치는지를요. 그리고 결심했습니다. '이왕 하는 일이라면 진짜 재미있는 일을 하자.'

일은 대단한 성취감을 안긴다

성취감은 내가 세상에 쓸모 있을 때 주어집니다. 물론 혼자서 퍼즐을 완성하고, 내가 먹을 김치찌개를 맛있게 끓이는 것도 성취감을 주지만, 일에서 얻는 성취감은 다른 차원입니다. 타인과의 관계 속에서 얻을 수 있고, 한번 맛을 보면 벗어나기 힘들어요.

특히, 나만 할 수 있는 일이라면 성취감은 대단합니다. 일은 노동이 될 때 힘들지만, 진짜 재미있는 일은 놀이가 됩니다. 일하고 싶어서 몸이 근질거려요. 마치 놀고 싶어서 시간

가는 게 아쉬운 것처럼요. 정말 재미있는 일을 하면 시간 가는 줄 몰라요. 그러다 시간이 흘러 자신의 분야에서 뛰어난 반열에 오릅니다. 자산이 축적되는 건 당연한 순서지요.

그러나 이런 것은 중요하지 않게 돼요. 일하는 것 자체가 재미있으니까요. 놀 때 결과를 생각하며 놀지 않죠? 노는 것 자체가 신나잖아요. 재미있는 일은, 모든 날 모든 순간을 즐겁게 만듭니다. 내가 온전히 즐기는 일이 있다는 건, 인생을 더 살고 싶게 합니다.

좋아하는 일을 찾으면 시간이 내 편이 된다

좋아하는 일을 찾으면 시간이 내 꿈을 향해 걸어가요. 한 아이돌 그룹의 리더는 연습생 시절 제 수강생이었어요. 제가 처음 말하기 강의를 시작한 곳이 연예기획사였고, 아이돌 연습생이 대상이었지요. 당시 고등학생이었던 그에게 물었어요. "언제부터 가수가 되고 싶었어요?"

그는 말했어요. "유치원생 때부터요. 저는 학교에서 얌전하게 지내요. 제가 가수를 준비하는 건 담임 선생님만 알고, 아

무도 몰라요. 공부도 중간 정도만 하고, 민낯으로 학교 다니고, 교복도 크게 입어요. 공부를 너무 잘하면 선생님들이 주목할 거고, 너무 못하면 신경 쓰니까요. 외모도 눈에 띄지 않게 해요. 관심을 안 받아야 제가 연습하는 데 집중할 수 있어서요.”

저는 그 순간, 그의 눈부신 미래가 보였어요. 월말평가에서 연습생들의 무대를 봤는데요. 그는 춤이며 랩이며 노래까지 대단한 실력자였어요. 이윽고 데뷔하자마자 무대를 집어삼키며 세계적인 스타가 됐습니다. 자신이 가고자 하는 길을 뚜렷이 아는 사람은 시간이 내 편이 됩니다.

정말 좋아하는 일이 극복의 힘을 준다

좋아하는 것을 일로 만들면 좋아하지 않게 된다는 말, 들어 보셨나요? 저는 이 말에 반대해요. 왜냐하면 좋아하는 일을 함으로써 수많은 스트레스를 극복할 수 있기 때문이에요. 예를 들어, 저는 강의가 정말 재미있어요. 제가 아는 지식을 알려 주는 게 보람되고요. 그 결과 누군가의 인생이 바뀌는 게 기적 같아요. 꿈을 이루고, 사랑하는 사람과 잘 지내는 걸 보면 행복합니다.

강의를 위해 싫어하는 일도 해요. 이를테면 기업과 강의하면 보통 계약서를 씁니다. 그런데 계약 형식이 다 달라요. 어떤 기업은 홈페이지에 가입해 등록 절차를 밟고, 어떤 기업은 계약서를 출력해 법인 인감을 찍어 우편으로 주고받고, 어떤 기업은 채무 관계가 깨끗한지를 증명하는 서류를 내야 해요. 이런 행정 업무는 싫지만, 강의를 위해 거쳐야 하는 과정이니 견딜 수 있습니다. 싫은 일도 견딜 수 있는 것은 좋아하는 일을 하는 것의 수많은 장점 중 하나예요.

좋아하는 일을 하면 능률이 오르고, 계속하다 보면 실력도 쌓입니다. 반면에 스트레스를 극복하지 못하면 능률이 오르지 않아요. 출근길이 고통스럽습니다. 내가 진짜 좋아하는 일은 나를 강인하게 만듭니다. 어른 중에는 자신이 무엇을 좋아하고 싫어하는지 아직도 찾아 헤매는 사람이 많습니다. 생각해 본 적 없기 때문이지요. 우리는 지금부터 일찌감치 찾으면 어떨까요?

평생 즐거운 일을 찾는 법

내가 시간 가는 줄 모르고 푹 빠져서 하는 행동은 무엇인가요? 그 행동을 일로 삼으면 즐겁게 일할 수 있습니다. 저를 예로 들어 볼게요. 말하기 강사와 작가. 이 두 가지가 제 주된 업입니다. 말하기 강사로 입지를 다진 결정적 이유는 경청 능력이라고 여깁니다. 십여 년간 이 길을 걸으면서 수만 명의 수강생을 만났어요. 수강생들의 고민과 미래의 목표를 듣고, 그 목표를 이루는 말하기 방법을 알려 주는데요. 참 많은 이야기를 들었습니다.

저는 사람의 이야기를 듣는 걸 좋아해요. 줄곧 그랬어요. 중학생 때 저는 5층에 살고, 친구는 2층에 살았어요. 우리는 인터폰으로 수다를 떨다가 3층 계단에서 만나 이야기를 나눴어요. 부모님이 복도에 앉은 우리를 부르면 그제야 집에 돌아갔어요. 다음 날 아침에 만나서 또 수다를 떨었어요. 지금도 친구를 만나든 강의에서든 타인의 이야기를 듣는 게 즐거워요. 영화를 보거나 책을 읽는 것도 이야기를 접할 수 있는 경험이라 참 좋아합니다.

일곱 살 때부터 일기를 썼어요. 30년 넘게 이어지는 습관이에요. 일기 쓰는 게 하도 좋아서 일기장을 만들기도 했습니다. 일기를 쓰는 시간은 나와 대화하는 시간이에요. 사람들을 만나 이야기를 들었다면, 일기장에는 제 이야기를 했어요. 시간이 가는 줄 모르고 일기를 썼습니다. 작가로 글을 쓰는 일은, 마치 일기를 쓰듯 늘 해 온 일상이라 어렵지 않습니다.

그러나 글 쓰는 일은 분명 고됩니다. 체력이 소진되고, 목과 어깨가 뻐근하고, 글 쓰는 동안 못 하는 수만 가지를 참아야 해요. 그러나 글 쓰는 일 자체는 그 모든 걸 견딜 만큼 즐겁습니다. 잊었던 과거의 기억이 떠오르고, 이 글이 독자에게 어떤 영향을 미칠지 생각하면 묵직한 책임감도 생깁니다. 이 모든 과정이 제게 행복을 안깁니다.

나는 어떻게 시간을 보낼 때 금세 시간이 가나요? 무언가를 할 때 다른 무언가가 하고 싶어진 적이 있나요? 그게 무엇이었나요? 무엇을 할 때 온전히 집중하나요? 그것이 가진 특성을 파악해 보세요. 그 안에 내가 평생에 걸쳐 즐기면서 할 수 있는 일이 있습니다. 인생을 어떻게 사느냐의 답은, 내 안에 있습니다.

학교 공부보다 중요한 인생 공부

저는 어릴 때 똑똑하다는 말을 들은 기억이 별로 없어요. 오히려 일하면서 상사나 고객이 제게 똑똑하다고 이야기하는데요. 처음엔 낯설었어요. 이런 말은 좋은 성적을 내고, 상위권에 드는 학생한테 하는 말이라고 여겼어요. 하지만 이제는 왜 똑똑하다고 하는지 알겠어요. 그 의미는 '통찰력'이 있다는 뜻이었어요. 통찰력이란 예리한 관찰력으로 사물을 꿰뚫어 보는 능력을 일컫는데요. 삶에 유용한 능력입니다.

학교에서 알려 주지 않는 것이 삶에 있다

제가 자주 듣는 말이 있어요. "어떻게 그걸 알게 됐어요?", "나이가 많지 않아 보이는데, 인생을 마치 두 번, 세 번 산 사람 같아요."

저는 우리 삶에 꼭 필요하지만, 학교에서 알려 주지 않은 것들에 주목했어요. 이를테면 좋은 인간관계를 위해서 어떻게 행동해야 하는지, 인생에서 가장 중요한 사랑을 위해 어떤 노력이 필요한지, 진심을 전하기 위해 어떻게 말해야 하는지, 타인이 말하는 이야기 속에 숨은 진심을 어떻게 발견하는지, 내 안의 목소리를 어떻게 듣고 실현하는지, 두려움과 긴장감을 다스리는 방법이 무엇인지, 가장 어려운 나 자신을 설득하는 방법은 무엇인지 등과 같은 것들을요.

말이라는 참을 수 없는 무거움

저희 부모님은 오붓하게 밥을 먹고 여행을 가다가도 사소한 것으로 말다툼을 했어요. 말다툼은 싸움으로 번지기도 했고, 부모님이 싸우는 모습을 보면 저는 세상이 무너지는 것 같은 기분을 느꼈어요. 어린 저에게 부모님은 세상의 전부였으니까요. 그때부터 저에게 말은 무겁게 다가왔어요.

저는 조용했어요. 부모님이나 친구의 이야기를 듣는 게 재미있지만, 제 이야기를 잘 하지 않았지요. 제가 하는 말이 상대방에게 어떻게 들릴지, 관계를 어떻게 흔들지 알 수 없었고, 왠지 나쁜 쪽으로 기울 것 같다는 생각 때문에 입을 닫았어요. 말하지 않는 게 안전하다고 여겼습니다.

그런데 시간이 흐르면서 말하지 않아 생기는 오해가 있었고, 진심을 전하지 못하는 것이 참을 수 없이 답답했고, 내 안의 목소리가 세상에 외치고 싶은 말이 있다고 신호를 보냈어요. 그때부터 말의 무거움을 직시한 채 말하는 방법을 고뇌했어요. 사랑하는 사람과 더 잘 지내는 방법에 대하여, 처음 보는 사람도 나의 진심을 알 수 있도록 말하는 법에 대하여, 다툼이 일어날 때 우리의 관계를 해치는 오해와 맞서 싸우는 법에 대하여, 말하지 못하는 것들을 하나씩 열어 보이는 법에 대하여.

내 삶을 통과해 얻은 것만이 진실이다

변화는 놀라웠어요. 사람들 앞에서 말하게 됐고, 많은 사람이 제 이야기를 들어 줬고, 인생이 달라졌고, 오해는 사라졌어요. 그 자리에 점점 사랑이 채워졌습니다. 가장 좋은 건 행복한 순간이 늘어났다는 거예요. 말을 잘하면 행복해질 수 있다는 사실을 깨달았어요.

우리는 궁극적으로 행복을 추구하잖아요. 그 수단은 각자 다르겠지만요. 저는 말을 잘하면 수많은 사람이 나처럼 행복하지 않을까, 생각했어요. 그래서 말하기 교육을 시작했어요. 많은 사람이 행복해지면 지금보다 더 나은 사회가 될 거라고 믿습니다. 이를 위해 강연과 집필과 방송을 통해 설득과 대화, 말하는 법을 알리고 있습니다.

어느 독자는 제게 말했어요. "글에서도 자신감이 느껴져요. 단단하고 힘이 있는 목소리처럼, 작가님의 뚜렷한 신념이 글에서도 전달돼요." 조용했던 제가 단단하게 말하는 사람이 된 건, 제 삶을 통과한 진실을 말하기 때문입니다.

몸으로 부딪치는 경험을 늘리자

책에서 지식을 얻고, 간접 경험을 통해 생각의 지평을 넓힐 수 있습니다. 이보다 더 효과적인 방법은 내 몸으로 깨닫는 것입니다. 이 경험은 나를 지켜 주는 무기가 되고, 나를 더 멀리 나아가도록 밀어줍니다.

　경험을 늘리는 방법은 내가 할 수 없을 거라고 여기는 일에 뛰어드는 것입니다. 이를테면 '나는 격투기는 절대 못 할 거야' 하고 생각한다면 복싱을 배우는 것입니다. '이게 되네?' 짜릿할 거예요. 해 보지 않으면 결코 알 수 없는 내가, 내 안에 무수히 많습니다.

　저는 예전에 '나는 절대 작가가 될 수 없어', '나는 결코 무대에서 저렇게 말할 수 없어' 생각했어요. 그런데 이뤘습니

다. 그전에 작은 도전으로 얻은 것들이 저를 밀어붙이는 힘으로 작동했어요. 사회에서 인정하지 않는 도전들도 많았습니다. 하지만 무엇이든 제가 하고 싶은 것이라면 했습니다. 그 경험이 저에게 '나는 무엇이든 할 수 있는 사람'이라는 믿음을 줬어요.

생경한 체험을 하고, 주변에서 아무도 하지 않은 것을 하고, 완전히 낯선 곳에 나를 두어 보세요. 엉뚱하고 괴짜 같은 모습일수록 환영합니다. 누군가 희한하게 봐도 괘념치 마세요. 시간이 지나면 대단한 길을 걸어왔다고 박수 칠 것입니다. 만일 그것이 가시밭길이고 고통이 도사리고 있더라도 모든 길을 통과하시길 바랍니다. 그 길 끝에 통찰이란 보물이 기다릴 테니까요.

7장

행복한 인생을
사는 법

반대의
목소리를 내기

친구를 괴롭히는 애들이 있어요.

친구1 앞으로 유니랑 이야기하지 마. 오늘부터 왕따야.

친구2 그래. 유니랑 이야기하는 애도 왕따야.

나 (어쩌지?)

개들은 친구를 돌아가면서 따돌려요. 따돌림을 당하는 친구를 보면 안쓰러워요. 그런데 말을 붙였다가 나도 왕따를 당할까 봐 무서워요. 이건 아닌 것 같은데, 어떻게 말하면 될까요?

아닌 건 아니라고 말할 수 있는 용기

아닌 것을 아니라고 말할 수 있는 용기가 필요해요. 내 안에서 불편한 마음이 든다면 표현하세요. 말하지 못하는 이유는 막연한 불안 때문입니다. 다음에는 내가 왕따가 될 수도 있다는 건, 스스로 만든 상상입니다. 아직 일어나지 않은 미래의 일은 아무도 몰라요. 불안을 이기는 방법은 정면으로 마주 보는 것입니다. 그러면 깨달아요. 불안은 실체가 없다는 것을요.

내 마음의 소리를 듣고 말하세요. "그러지 마." 문제를 해결하는 방법은, '문제'라고 인식하는 것에서부터 출발합니다. 만약 문제라고 감지했다면 내 안의 목소리가 말할 거예요. "저건 아니야. 친구를 따돌려선 안 돼. 잘못된 행동이야." 이 마음을 외면한다면, 수년이 흘러 지난날의 내 모습을 후회할 거예요. 목소리를 내세요.

무리를 지어 행동하는 것은 나약하기 때문이다

친구 사이에 문제가 있다면 당사자들끼리 해결하는 게 맞습니다. 여러 명이 한 명을 소외시키는 건 학교 폭력입니다.

무리를 지어서 나쁜 행동을 일삼는 친구들을 보면 피하고 싶고, 해코지를 당할까 봐 무서워하는데요. 그럴 필요가 없어요. 왜냐하면 그들은 나약하기 때문이에요. 나약해서 무리를 지어 행동하는 것입니다.

야생에서 얼룩말은 두 마리가 붙어서 풀을 먹습니다. 몸집이 커 보이도록 교차해 서 있어요. 동물의 왕 사자로부터 자신을 지키는 방법이에요. 인간도 마찬가지입니다. 험담하거나 편을 먹고 누군가를 모함하는 사람은 당사자에게 정면으로 맞설 용기가 없어요. 강한 사람만이 정면으로 맞섭니다. 뒤에서 이야기할 필요도 없어요. 앞에서 이야기하니까요.

못된 행동을 한다면 단호히 말하자

누군가 못된 행동을 일삼는다면 단호하게 말하세요. 나약한 자들은 강한 자 앞에서 몸을 사립니다. 이길 수 없다는 것을 직감해요. 짧게 말하면 힘이 있어요. "하지 마.", "멈춰.", "그만해." 낮은 어조로, 눈은 정면으로 똑바로 보고, 정확한 발음으로 천천히 말하세요. 언성을 높이는 것보다 목소리를 낮추어 말하는 게 더 무섭습니다.

행동을 멈추면 스스로 잘못을 깨닫도록 이어서 말하세요. "나쁜 행동하지 마. 잘못된 행동인 거 너도 알잖아." 만일 행동을 멈추지 않는다면 정면에 서서 눈으로 말하세요. 아무 말도 하지 말고, 그저 노려보세요. 눈을 깜빡이지 말고, 표정에 변화를 주지 않고, 무표정한 얼굴로 쳐다보세요. 그러면 멈출 것입니다.

아닌 것은 아니라고 목소리를 내기

살아가면서 다양한 문제를 겪거나 휘말리거나 목격할 거예요. 그리고 어느 순간 목소리를 내지 않으면 안 된다고 깨닫는 날이 옵니다. 저는 고등학생 때 변태가 학교 주변에 우글거렸어요. 소위 바바리맨이 나타나 발가벗은 몸을 드러냈는데요. 처음에는 무서웠는데, 서서히 화가 났어요. 등하굣길이 무서워지는 게 참을 수 없었어요. 그날 이후 변태가 눈에 띄면 욕하거나 돌멩이를 던져 쫓아냈어요. 바바리맨은 황급히 몸을 가리고 도망쳤어요.

이십 대에 접어들면서는 길거리에서 성추행하는 놈, 회사에서 성희롱으로 수작을 부리는 놈, 회식에서 술 마시고 집적

거리는 놈, 후배에게 추근대는 놈에게 화가 났어요. 저는 즐거운 일터가 안전하지 않다는 것에, 집에 가는 길에 위험이 도사리고 있다는 사실에 분노했습니다. 이 피해가 저에게만 일어나는 일이 아니라는 엄연한 진실에 눈을 떴어요. 그때부터 목소리를 냈습니다. 저는 저 같은 성인이 목소리를 내어 더 좋은 사회를 만들어야 한다고 생각했어요.

더 현명한 방법으로 맞섰습니다. 길거리에서 만난 나쁜 놈을 잡아 경찰에 인계했어요. 회사에서 만난 나쁜 놈을 고발해 조직 문화를 바꿨습니다. 저는 '누구나 안전한 일상을 누릴 자유'가 보장되기를 바랍니다. 제가 문제를 외면하지 않고 돌파한 이유입니다. 피해자로서 범인을 잡고, 경찰과 검찰, 법원까지 사건을 진행하는 과정은 쉽지 않아요. 그럼에도 제가 바라는 사회를 위해서 이 과정이 필요하다면 앞으로도 몇 번이고 겪을 것입니다. 지나온 저의 발자국이 자랑스러워요. 바바리맨에게 돌멩이를 던진 열일곱 살의 저에게 박수를 보냅니다. 아닌 것은 아니라고 말하는 일은 좋은 사회를 만드는 데 기여할 수 있는 방법입니다.

사랑받는 사람의
말 습관

말을 잘하는 친구는 인기가 많아요. 특별한 사람같이 보여요.

친구1 방학 때 그리스 산토리니 다녀와서 산 거야. 예쁘지?

친구2 응. 예쁘다. 너는 여기저기 많이 다녀서 참 좋겠다.

나 …….

친구1 맞아. 곧 바르셀로나에도 갈 예정이야. 엄마가 출장 가시는데, 같이 가려고. 바르셀로나가 어떤 곳인지 알아?

인기 있는 애들은 특별한 점이 있어요. 공부를 잘하거나 춤을 잘 추거나 말을 잘하거나 옷을 잘 입거나 예쁘거나 잘생겼거나. 나는 딱히 잘하는 게 없고, 눈에 띄지도 않는 평범한 사람이에요. 이런 나도 친구들 사이에서 인기 있는 사람이 될 수 있을까요?

오랫동안 빛나는 사람의 특징

인기에도 종류가 있어요. 별을 떠올려 볼까요? 유성우는 낙하하면서 하늘을 잠깐 밝히고 순식간에 사라져요. 유성우처럼 반짝 빛났다가 금세 사라지는 인기가 있어요. 반대로 북극성처럼 오래 빛을 발하는 인기가 있습니다. 북극성은 하늘에서 가장 밝은 별이에요. 북극 가까이에 있고 위치가 거의 변하지 않아, 길을 알려 주는 나침반 역할을 합니다. 별처럼 빛

나고 싶다면 유성우가 아닌 북극성이 더 좋지 않을까요?

그러기 위해서는 다른 사람을 포용하는 능력이 요구돼요. 혼자 반짝이다가 사그라드는 게 아니라 오랫동안 다른 사람의 앞길까지 밝혀 주는 사람이 되는 거죠. 많은 사람을 포용할수록 북극성 같은 존재가 될 수 있어요. 그 방법은 바로 다른 사람에게 고마운 존재가 되는 것입니다.

말수가 적은 친구를 살피자

예를 들어 볼게요. 독서 모임을 하는 상황이에요. 유성우처럼 자기 혼자 반짝이는 친구는 자신의 지식을 뽐내요. 말을 잘해서 인기가 많아요. 그런 친구에게 주눅이 든 또 다른 친구가 있어요. 말주변이 떨어지고 말수가 적은 친구예요. 자기 차례가 오면 조용한 목소리로 말하는 특징이 있어요. 북극성 같은 사람은, 그 친구를 살핍니다. 친구가 사람들이 많은 자리에서 이야기하는 게 익숙지 않다는 것을 알아차리고, 모임에 편하게 참여하도록 도와요.

친구가 만약 "나는 재미있게 읽었어"라고 짧게 이야기했어요. 그러면 더 물어보세요. "어떤 점에서 특별히 재미있었어?" 그런 다음 질문의 의도를 덧붙이면서 나의 이야기를 하면 친구는 이야기를 편하게 할 거예요. "나는 주인공이 처음으로 자기 목소리를 내는 장면에서 감동받았어. 너는 어떤 점에서 특히 재미있었는지 궁금해." 말수가 적은 친구는 자기 이야기가 재미없다고 생각해 조금만 말하는 것일 수 있어요. 그러니 진심으로 친구의 이야기를 집중해서 들으면 친구는 용기 내서 자기 이야기를 할 거예요.

대화에서 진행자가 되자

앞의 예시처럼 여럿이 대화를 나눌 때 혼자 돋보이는 친구가 있어요. 그 친구는 해외여행도 자주 가고, 특별한 물건도 많아요. 흔히 특별한 경험이 많으면 할 이야깃거리가 많을 거라고 생각합니다. 그에 비해 특별한 경험이 없으면 할 이야기가 없다고 생각하는데요. 실제로 이렇게 생각하는 사람이 아주 많아요. 그러나 경험은 그 자체로 소중해요. 비교하지 않고, 각자의 경험을 오롯이 존중하는 자세가 필요해요.

우리가 북극성처럼 대화를 더 밝혀 볼까요? 진행자가 되어 보세요. 모든 친구가 각자의 이야기를 펼쳐 놓도록 이끄는 거예요. 내 이야기를 하지 않아도 친구들이 자기 이야기를 재미있게 하는 장을 만들면, 그 자체로 인기 있는 사람으로 반짝일 수 있어요.

모두를 반짝이게 하는 북극성 같은 존재

대표적인 예가 바로 유재석 씨입니다. 그는 스물한 번의 연예 대상을 받은 전설적인 존재예요. 개그맨으로 시작해 국민 MC가 됐는데요. 프로그램 진행을 잘하고 특유의 입담이 있는 건 물론이고요. 무엇보다 수많은 게스트와 패널, 출연자를 세심하게 배려하고 챙깁니다.

그가 진행하는 프로그램에는 비방송인 시민이 출연하기도 하고, 예능 프로그램에는 한 번도 나오지 않았던 배우도 출연해요. 어떻게 출연을 결심했는지 물으면 배우는 말해요. "유재석 씨가 있어서 나왔어요." 그건 믿음이에요. 유재석 씨가 곤란한 질문이나 짓궂은 농담으로 분위기를 띄우지 않을 것임을 믿기 때문이지요.

유재석 씨의 진행 실력을 본받아 친구들의 이야기를 끌어 내 보세요. 예를 들어, 한 친구가 자기 이야기를 너무 많이 하면 적당히 끊고, 다른 친구가 말하도록 질문해 보세요. 말수가 적은 친구에게 손짓하면서 물어보는 거예요. "너는 어떻게 생각해? 너도 이런 경험이 있었어?" 이때 표정은 온화하고 따뜻하게 지어 보세요. 너의 이야기가 정말 궁금해, 하는 마음으로요.

친구　방학 때 그리스 산토리니 다녀와서 산 거야. 예쁘지?

나　예쁘다. 말수 적은 친구를 살피며 효진이는 어디에 다녀왔어? 질문의 의도 밝히기 뭐 했는지 궁금해.

효진　나는 동해 갔다 왔어.

나　동해? 나는 한 번도 안 가 봤는데, 어땠어?

하고 싶은 말은 산더미인데, 말이 나오지 않은 적이 있나요? 이 말로는 부족한데 싶을 때요. "어느 날 우연히 내 눈을 거울에 비춰 보다가 언젠가 네가, 네 속눈썹을 세어 봤는데 마흔두 개야, 했던 말이 생각나면 그 생각 하나로 세상을 다 얻은 듯이 살아가지. 그걸 세어 볼 정도면 너는 틀림없이 나를 사랑한다 여겨지기에."* 《깊은 슬픔》에 나오는 문장입니다. 저는 이 글을 읽으면서 '사랑해'라는 말을 다르게 표현할 수 있다는 것을 알았어요. 책을 통해 진심을 나누는 말을 익힐 수 있습니다.

---

* 《깊은 슬픔》, 신경숙, 문학동네, 2006, 93p.

하나의 장면을 포착해 마음을 표현하기

좋은 표현은 공통점이 있습니다. 하나의 장면을 포착해서 말해요. 사랑하는 마음을 속눈썹을 세어 보는 특정한 장면에 빗대어 이야기하는 앞의 글처럼요. 저는 크리스마스를 맞아 어머니에게 수십 년 만에 카드를 썼어요. 어머니를 향한 저의 사랑을 표현하고 싶었어요. 마라톤에 참여하면서 겪은 감정 하나를 붙잡아 글을 썼습니다.

"40km를 지났을 때 다이아몬드 헤드 언덕을 달렸어요. 가장 힘든 구간이었고, 체력이 바닥난 순간이었는데, 그때 엄마가 떠올랐어요. 제가 처음으로 혼자 한라산에 간 날, 엄마가 저를 데려다주고, 산에서 내려올 때까지 기다려 줬잖아요. 10시간 동안 산행하면서 더는 내려갈 힘이 없다고 느꼈을 때, 엄마가 밑에서 기다린다는 생각에 힘이 났어요. 마라톤 마지막 순간에 그날이 떠올랐어요. 그날처럼 힘을 내자고. 그랬더니 몸이 가벼워지고 언덕을 성큼성큼 달릴 수 있었어요. 엄마가 무척 보고 싶었어요. 그 오르막에서 내가 가장 사랑하는 사람은 엄마라는 것을 깨달았어요. 사랑해요, 하나뿐인 우리 엄마. 제가 엄마 딸이라서 무척이나 좋아요. 하늘에 감사해요."

어머니는 카드를 읽으며 펑펑 우셨어요. 저도 울면서 이 글을 썼어요. 진심을 표현할 수 있어서 행복해요. 예전에는 인간관계에서 마찰이 생기면 가슴앓이하고, 오해가 생기면 관계가 끊어지기도 했는데요. 이제는 마찰이 생기기 전에 조율하고, 끊어진 관계도 회복하고, 사랑하는 마음, 아끼는 마음을 전한 덕분에 인간관계가 깊고 단단합니다. 이는 책에서 수많은 문장을 보고, 체득하려고 노력한 과정에서 얻은 결과입니다.

고전을 읽자

고전문학을 읽어 봤나요? 프란츠 카프카는 말했어요. "책은 우리 안의 얼어붙은 바다를 깨는 도끼여야 한다." 제가 처음 읽은 책은 고전문학인 밀란 쿤데라의 《참을 수 없는 존재의 가벼움》이었어요. 이 책을 읽고 제 안의 무언가가 산산조각 났어요. 그때부터 고전문학을 섭렵했어요. 《그리스인 조르바》, 《데미안》, 《오만과 편견》, 《위대한 개츠비》, 《호밀밭의 파수꾼》 같은 책을요. 제가 삶을 깨달은 책은 고전이었고, 여전히 가장 우러러보는 책도 고전입니다.

고전문학은 수백 년 전에 쓰였지만, 시대를 뛰어넘어 영향을 미칩니다. 저는 그런 책이야말로 시간을 들여 열심히 읽을 만한 가치를 지닌 책이라고 여겨요. 문학이 아름다운 건 이야기를 통해 삶의 진실을 들려주기 때문입니다. 이야기 속에서 나의 일상을 만나고, 인생을 어떻게 살아갈지 답을 얻을 수 있어요.

일기를 쓰자

일기를 쓰나요? 하루 동안의 생각과 감정, 일어난 일들을 기록하는 일기를 써 보세요. 일기는 나의 역사를 써 내려가는 일입니다. 나만이 할 수 있습니다. 초등학교 6학년 때 쓴 일

기장을 얼마 전 읽었는데요. 그 나이에만 볼 수 있는 시선으로 쓴 글이었어요. 만약 그날 일기를 쓰지 않았다면 영영 사라졌을 과거가 일기장에서 살아 숨 쉬고 있었어요.

일기에 다른 사람을 미워하는 글을 남긴 적이 있나요? 이런 일기를 누가 볼까 봐 쓰지 못한 적이 있나요? 이러한 이유로 일기 쓰기를 멈췄나요? 글을 쓰면서 내 글을 내가 가장 먼저 봅니다. 나는 내 글의 작가이자 첫 번째 독자인 셈이죠. 계속 글을 쓰면 좋은 글을 쓰려고 저절로 노력하게 돼요. 누군가를 원망하거나 미워하는 글도 서서히 쓰지 않게 됩니다. 내가 보기에 즐겁고, 좋은 생각을 하려고 해요. 저절로 그렇게 바뀝니다. 일기가 나를 좋은 사람으로 만들어 줍니다.

불안, 질투, 분노가 일어도 타인을 탓하지 않고, 내 안에서 원인을 찾으면서 나의 목소리를 듣습니다. 그렇게 타인에게 향한 시선을 내게로 돌려놓는 것이 일기의 힘입니다. 일기의 장점은 무수해요. 그중에서도 일기를 쓰면 말을 잘할 수 있다는 장점이 있습니다. 나만이 할 수 있는 나의 이야기가 있어요. 그 기록을 남기면 먼 훗날 일기가 나를 지켜 줬다는 사실을 알게 돼요.

표현하는 능력은 변하지 않는 능력

시대는 빠르게 변합니다. 제가 어릴 때는 스마트폰이 없었어요. 공중전화에 동전을 넣고 통화했던 기억도 납니다. 요즘은 아기도 부모님의 스마트폰으로 영상을 틀어서 볼 정도로 스마트 기기를 잘 다루지요. 시대는 급변합니다. 언제나 시대는 바뀌어 왔습니다. 형태가 달라지며 늘 변화합니다. 이 변화에 휩쓸리지 않고, 나만의 길을 걷는 방법은 내 능력을 기르는 것입니다. 시대가 변해도 언제나 가치 있는 능력에 주목하기 바랍니다.

그중 하나는 '글을 읽고 쓰고 표현하는 능력'입니다. 내 생각과 마음, 감정을 말할 수 있는 사람은 오직 나뿐입니다. 아무리 AI에 나에 대한 데이터를 집어넣고, 자주 이용해 데이터가 쌓여도, 그 순간 내 느낌을 표현하고 나를 정확히 알 수 있는 건 나 자신뿐입니다. 기계나 기술이 따라오지 못하는 게 있어요. 인간이 느끼는 것, 감정을 표현하는 것입니다. 이것은 인간만이 유일하게 할 수 있습니다. 그러므로 끊임없이 표현하기 위해 노력하세요. 수많은 사람과 교감하고, 공감하고, 감응할 수 있습니다.

죽고 싶은 건
살고 싶다는 강한 의지

죽고 싶다는 생각은, 살고 싶다는 강한 의지에서 비롯된 걸 지도 몰라요.

하늘을 원망하던 시절

'나는 왜 태어난 걸까?' 하늘을 원망한 적이 있어요. 사는 게 힘들었는데요. 사는 이유를 찾지 못했기 때문이었어요. 인 생이 무의미했고, 웃음을 잃었어요. 그 시절에 저는 죽고 싶 다는 말을 입버릇처럼 했어요. 삶이 끝나면 편안해질 것 같았 어요. 마음에 소용돌이처럼 일어나는 불안도 다 끝날 것 같았 어요.

이런 마음을 털어놓으면 어른들은 "쓸데없는 소리 하지 마"라고 말했어요. 그런 말은 입 밖에 내는 게 아니라고, 이상한 생각하지 말라고 혼냈어요. '내 생각은 잘못됐구나.' 마음 둘 곳이 없었고, 하늘을 올려다보고 울부짖기도 했어요. 이렇게 힘들게 할 거면 왜 나를 세상에 태어나게 했냐고 마음속으로 외쳤어요.

서점에서 정신건강의학 서적을 여러 권 읽었는데요. 기억에 남는 문장이 있어요. "죽고 싶은 마음은 살고 싶다는 강한 의지를 담고 있다." 위안이 됐습니다. '나는 삶의 이유를 찾고 싶어서, 잘 살아 내고 싶어서, 그렇지 않은 삶을 견딜 수 없었던 거야' 하는 생각이 들었어요. 그렇다면 지금과 다른 인생을 살아 보자는 마음이 들었어요. 그리고 행동으로 옮겼습니다. 나는 어떤 인생을 살고 싶은지 직접 경험해 보기로요.

내가 원하는 삶은 무엇인가

제가 다닌 고등학교 옆에 파일을 제작하는 공장이 있었어요. 거기서 아르바이트를 하는 친구가 있어서 저도 따라갔습니다. 공장에 들어설 때는 내가 할 수 있을까, 두렵기도 했는

데요. 막상 들어가니까 파일이 이렇게 만들어지는구나, 신기했어요. 저는 비닐 사이에 종이를 끼우는 역할을 맡았습니다. 긴 레일에 파일이 나오면 날렵하게 비닐을 벌려 종이를 끼웠어요. 제가 손이 빠르다는 사실을 처음으로 깨달았습니다.

순식간에 하루치 분량을 해치웠어요. 다음 날에는 더 빨라져서 그다음 날 분량까지 해치웠어요. 그다음 날에는 물량이 제 손을 따라오지 못해서 할 일이 없었어요. 그래서 관뒀는데요. 때마침 단골 카페의 사장님이 여행 가는 일주일 동안 저에게 가게 운영을 맡겼어요. 그 카페는 경양식을 팔고, 파르페 같은 음료도 팔았어요. 저는 돈가스와 김치볶음밥, 수프, 파르페, 빙수 같은 음식을 만드는 법을 배웠어요. 제가 손이

크다는 것을 그때 알았어요.

기존 돈가스는 한 덩이였지만 저는 두 덩이를 줬고, 파르페에 아이스크림이 한 스푼 들어가지만 저는 두 스푼을 줬어요. 장사는 대박이 났지만, 사장님은 돌아와서 재고가 바닥이 난 것을 보고 의미심장한 웃음을 지었어요. 음식 장사를 하면 거덜 나겠네, 생각했어요.

대학생 때는 행정 인턴으로 일했어요. 우체국에서 편지를 주소별로 분류하고, 주민센터 2층에서 어린이 도서관 책을 정리하고, 그마저도 빨리 끝나서 인감을 분류했어요. 거기서도 할 일이 없으니 집에 가서 쉬라고 했어요. 공무원은 내 체질이 아니라는 것을 깨달았습니다.

살고 싶은 열망을 받아들이자 삶의 애착이 생기다

제가 아나운서가 되어 생방송을 하고, 생방송을 하듯이 강의를 하고, 계속해서 새로운 책을 출간하는 이유는, 저 자신이 도전적인 일에 열광한다는 사실을 여러 경험을 통해 알았기 때문입니다. 저는 어렵지 않은 일을 못 합니다. 식은 죽 먹

기가 되는 일은 무엇이든 재미가 없고, 그것은 제게 무료함을
줘요. 하루가 쉽게 흘러가면 '인생이 이렇게 흘러가선 안 된
다' 하는 생각이 듭니다. 저는 끝없이 새로워서 어려운 일을
원하는 사람이에요.

뉴스를 하던 시절에도 매일 즐거웠어요. 뉴스라는 형태는
똑같지만 제가 전하는 소식은 늘 새로웠고, 예측하지 못했던
일들이 벌어졌어요. 긴장을 놓을 수 없었어요. 그게 재미있게
일하는 원동력이었어요. 강의도 생방송을 할 때와 같은 기분
이 듭니다. 눈앞에 수백 명이 앉아 있어요. 수강생은 매번 달
라지기에 긴장을 놓을 수 없고요. 이 점이 저를 발전시켜요.

글쓰기는 더 어렵습니다. 어려워서 매혹적이에요. 제 글은,
저만이 할 수 있는 이야기를 담고 있고, 이러한 연유로 처음
부터 끝까지 저만 할 수 있는 일입니다. 책은 누구나 낼 수 있
지만, 제 책은 저만 쓸 수 있으니까요. 김금희 작가는 "일상을
글쓰기를 위해 조정한다"라고 했는데요. 그 말이 어떤 의미인
지 이제 알겠어요. 좋은 글을 쓰기 위해 저도 일상을 글 쓰는
삶으로 맞추고, 그렇게 좋은 사람이 되어 간다고 믿습니다.

지금까지 잘 견뎌 줘서 고맙다

죽음을 떠올린 적이 있다면, 따뜻하게 토닥이고 싶습니다. 얼마나 낙심했을까요. 혼자서 얼마나 무서운 날들을 지나왔을까요. 프란츠 카프카는 말했어요. "삶이 소중한 이유는 언젠가 끝나기 때문이다." 이 문장은 저의 가치관으로 가슴에 새겨져 있습니다. 우리의 삶은 언젠가 끝납니다. 오늘 하루가 소중한 이유입니다. 내가 원하는 삶을 살아요. 다른 누구를 위해서 살지 말고, 나를 위해 살아요. 그렇게 살아도 됩니다.

어쩌면 마음이 힘든 이유는, 이야기를 제대로 들어 주는 사람이 없어서, 내 마음을 진심으로 알아주는 사람이 없어서일지도 몰라요. 내가 먼저 해 보는 건 어때요? 들어 주지 않아도, 들으라고 이야기하고 말해 보세요. 나라도 나의 이야기를 제대로 들어 주세요. 글로 써서 풀어놓는 것만으로 해소될 거예요. 저는 글을 쓰는 일이 나를 살게 하기에, 자꾸 글을 씁니다. 누구 하나 나를 돌봐 주지 않아도, 내가 나를 지킬 수 있습니다.

체력과
정신력을 기르기

함께 있으면 즐거운 친구가 있고, 반대로 울적해지는 친구가 있어요. 전자는 언제든 보고 싶은 친구고, 후자는 보자고 하면 꺼려지는 친구예요. 그렇다면 나는 어디에 해당할까요?

함께 있으면 즐거운 사람

제가 친하게 지내는 사람들의 특징이 있어요. 무거운 이야기도 가볍게 만들고, 제가 생각하지 못했던 명쾌한 답을 내고, 인상을 쓰다가도 조금만 지나면 나를 웃게 해 주는 사람들. 그들을 떠올리면 밝은 표정이 나와요. 저는 이들과 만나는 게 즐겁고, 시간을 내서 만나려고 노력해요. 그들의 중요한 날을 챙기려고 기억해요.

그 이유는 제 기분을 좋게 해 주는 특별한 사람들이기 때문입니다. 저도 그런 사람이 되려고 노력해요. 밝은 표정을 짓는 것, 무거움 속에서 가벼움을 찾는 것, 안 좋은 이야기를 좋게 해석하는 것, 싫어하는 사람에 대해 말할 때 과장해 친구 편을 들어서 웃음을 짓게 하는 것.

체력이 좋으면 다정하다

저는 밝고 다정한 사람이 되려고 노력해요. 그중 하나가 체력을 기르는 일이에요. 몸이 피곤하면 다른 사람을 챙길 힘도 없고, 다정한 말이 나오지도 않아요. 반대로 컨디션이 좋으면 다른 사람에게 다정하게 대할 수 있고, 하루가 밝아져요. 이를 위해 저는 달립니다. 달리기는 유산소 운동으로 기초 체력을 길러 줍니다. 꿈을 이루기 위해서는 체력이 필수적이지요. 건강해야 무엇이든 오래 하고 잘할 수 있습니다.

저는 좋은 글을 쓰고 싶다는 일념으로 달립니다. 무라카미 하루키의 《달리기를 말할 때 내가 하고 싶은 이야기》를 읽고 달리기를 시작했는데요. 그는 장편소설 작가로 살기로 결심한 뒤로 두 갑씩 피우던 담배도 끊고, 새벽부터 글을 쓰고, 매

일 10km를 달리고, 1년에 한 번씩 마라톤에 참가해요. 하루키는 백여 권의 책을 냈고, 전 세계적인 작가로 자리매김했어요. 저는 이 책을 보고, 나도 작가로 살기로 했으니 하루키처럼 뛰자고 마음먹었어요.

이 글을 쓰는 오늘 아침에도 10km를 뛰었어요. 5년 전 처음 뛸 때는 5분을 달리는 것도 힘들었는데요. 달리면 좋은 글을 쓸 수 있겠지, 희망을 품은 채 묵묵히 뛰었어요. 그렇게 쓴 책이 《대화의 정석》이었고, 많은 독자에게 사랑을 받았어요. 저는 이 책을 들고 하와이에 갔어요. 1년 동안 달린 덕분에 체력이 좋아졌고, 호놀룰루 마라톤 10km 대회에 출전했어요. 조금만 달려도 숨을 헐떡이던 제가 하와이를 달리고, 내 이름으로 책이 나왔다는 사실에 복받쳐 눈물이 고였어요.

그리고 2년이 지난 지금. 42.195km 풀코스 마라톤에 참여하기 위해 다시 하와이에 왔습니다. 달리기를 시작한 이곳 하와이에서 다섯 번째 책인 《마음챙김 대화》를 쓰고, 풀코스를 달린 것은 저의 역사에 길이 남을 성장이었어요. 이윽고 2025년 12월 14일 일요일 새벽 5시에 출발해 5시간 18분 뒤에 결승선에 들어왔습니다.

마라톤을 통해 깨달은 인생

마라톤을 뛰면서 온갖 감정을 겪었어요. 처음에는 신났어요. 불꽃을 터뜨리면서 출발하는 호놀룰루 마라톤. 하프까지 뛰었던 저력이 있어 중간까지는 거뜬했어요. 그러다 26km부터 힘에 부쳤어요. 한 번도 뛰어 보지 않았던 거리였어요. 내가 왜 참여했을까, 왜 연습을 덜 했을까, 짜증이 났어요. 35km에서는 화가 났어요. 멈추고 싶어서 걸었어요. 가도 가도 끝이 없었어요. 그때 이런 생각이 들었어요. "달리는 고통을 없애는 유일한 방법은 달리는 것이다."

다시 달렸어요. 제 안에 아직 체력이 남아 있는 게 느껴졌어요. 거리에서는 주민들이 응원을 보내고 있었어요. 그 모든 게 눈에 들어왔어요. 내가 지금 이곳을 달리는 일은 기적이다, 지나온 모든 날이 기적이었다, 수많은 사람의 응원과 지지로 여기까지 왔음을 저는 별안간 깨달았어요. 제가 태어난 순간부터 지금까지, 제가 알았고, 알지 못했고, 잊었을 그 모든 응원과 지지를 실감했어요. 감사함에 눈물이 솟구쳤습니다.

달리는 길 위에서 배운 고통과 인내

매일 달리지 못하는 날이 있어도, 매일 달리는 마음을 먹어요. 일주일에 다섯 번 이상 뛰고, 한번 뛰면 10km쯤 띕니다. 뛰면서 가장 좋은 변화는 화가 거의 사라졌다는 거예요. 감정의 기복이 줄었습니다. 달리는 길 위에서, 내 한계를 뛰어넘는 게 중요하다는 것을 알았어요. 그 누구도 나를 흔들어 놓을 수 없다는 것을, 내가 선택한 고통만이 유일하게 고통으로 받아들여질 수 있다는 것을 알았습니다.

인내를 배웠어요. '저기까지 달리는 거야.' 멈추지 않으면 결승선에 다다릅니다. 응원하는 사람이 없어도 내가 나에게 응원을 보내면 한 걸음 더 내디딜 수 있다는 것을 알았습니다. 저는 인내심이 깊어졌어요. 글을 쓰는 과정은 지난하지만 달리면서 인내했던 것이 참을성을 길러 줬습니다. 나를 참아 낼 수 있다면 타인을 참아 내기란 더 쉬워요.

운동화만 있으면 언제든 어디든 달릴 수 있습니다. 가끔은 잔디가 있는 곳을 맨발로 달려 보세요. 잔디의 사각거림이 발바닥에 닿은 순간, 어린아이처럼 신날 거예요. 오늘 뛴 거리만큼 내가 성장한다면 얼마나 즐거운 일인가요. 체력을 기를수록 나에게, 타인에게 다정할 수 있습니다. 그 다정함은 다시 나에게 돌아와, 나의 꿈을 이루도록 응원을 보낼 것입니다.

내 안의 보석을 발견하는 법

천쉐는 《오직 쓰기 위하여》에서 말했습니다. "처음부터 끝까지, 사실상 우리를 심사하고 감독하고 우리에게 무언가를 요구할 수 있는 사람은 우리 자신뿐이다. 나 자신을 용감하게 마주하고, 나를 보호하고, 내가 나아갈 길을 지켜야 한다."[*]

단점으로 똘똘 뭉친 게 아닐까

제가 취업을 준비하던 시기에 열등감과 자격지심은 극에 달했어요. 아나운서를 준비하는 친구들은 학창 시절에 반장이나 회장 같은 학급 임원을 했어요. 방송부에서도 활동하며

[*] 《오직 쓰기 위하여》, 천쉐 지음, 조은 옮김, 글항아리, 2024, 135p.

아나운서의 길을 일찌감치 걸어왔어요. 반면에 저는 대학 졸업 무렵에서야 아나운서 꿈이 생겼어요.

학창 시절에는 공부보다 친구와 노는 게 즐거웠어요. 미화부장을 해 본 게 저의 학급 임원 경력의 전부입니다. 앞에서 발표를 잘하기는커녕 바들바들 떨었어요. 저는 춤을 추고 운동하는 걸 좋아했어요. 저는 춤을 잘 춰서 무대에서 박수를 받았지만, 발표한 뒤에 박수를 받은 적이 없어요. 그 격차는 제가 말을 잘 못한다고 느끼게 했고, 말에 더 민감해지는 계기가 되었어요. 그런데 아나운서의 꿈이 생기자 제 과거가 하찮아 보였어요.

애들은 이미 조건을 갖췄고 합격의 문턱까지 가 있는데, 저는 하염없이 뒤처져 출발선까지 가는 길조차 까마득했어요. 왜 학창 시절에 공부를 안 했을까. 왜 꿈을 갖지 않았을까. 왜 이렇게 한심하게 살았을까. 인생이 막막해 이불을 뒤집어쓰고 울었어요. 눈물이 볼을 타고 귀로 들어오자 차가운 눈물이 정신을 깨웠어요. '이불 속에 숨어서 천장만 본다고 바뀌는 건 없다. 부딪히자!'

저는 마음을 바꿨어요. 나의 단점을 단점으로 여기지 말자. 다시 보자. 과거는 바뀌지 않는 사실이다. 하지만 다시 돌아간다고 해도 정말 공부를 할까? 친구들과 노는 게 즐거웠잖아? 맞아요. 행복했어요. 친구들이 있어서 유년 시절은 해맑고 화창했습니다. 과거가 다르게 다가왔어요.

이 과거가, 아나운서로서 어떤 도움이 될 수 있을까 생각했습니다. 아나운서는 프로그램 진행자로 여러 출연자를 만납니다. 저는 우리 학교뿐만 아니라 먼 동네까지 친구들이 있을 만큼 발이 넓었어요. 운동하면서 여러 부류의 친구를 사귀었고, 대학생 때도 서울에 있는 여러 대학교 축제에 다니면서 친구의 폭이 넓고 다양해졌어요.

이런 친화력이 아나운서로서 진행할 때 보탬을 줄 수 있다고 여겼어요. 출연진에게 친근하게 다가가 방송에 더 잘 임하게 할 수 있으니까요. 단점을 단점으로 여기지 않고, 내가 원하는 이상에 어떤 도움을 줄지 찾기 시작하자, 나만의 유일무이한 강점이라는 걸 깨달았습니다.

내가 걸어온 길을 사랑하면 빛나는 길이 된다

춤을 춘 건 어떤 도움을 줄까. 저는 초등학생 때부터 친구들과 무대에 올랐는데요. 그날을 위해 안무를 맞추고, 춤을 추면서 친구의 새로운 모습을 알게 되었어요. 우리만의 추억을 쌓는 즐거움, 무대에 오르는 벅참과 짜릿함, 무대가 끝난 뒤의 여운을 알게 되었고요. 그 경험 덕분에 무대에서 조명받는 짜릿함을 알고, 친구들과 협력하면서 조율하는 리더십을 길렀어요. 함께 목표를 향해 전진하는 든든함과 희열을 압니다.

어떤 일이든 혼자 할 수 없어요. 뉴스라면 기자는 현장에서 취재하고, 피디는 기사를 편성하고, 송출 담당은 방송을 시청

자에게 내보내고, 앵커는 시청자에게 뉴스를 전달해요. 이 모든 일은 하나의 팀으로 움직이며, '보도'라는 공통 목표를 향해 나아갑니다. 시청자에게 정확한 뉴스를 전하고, 사회를 더 나은 방향으로 이끄는 일이지요. 저는 좋은 사회를 위해 여럿이 함께하는 일을 잘할 거라는 확신이 들었어요.

과거를 추적하자 제 삶의 모든 경로가 아나운서를 준비해 온 길처럼 보였어요. 제 안에 차오른 확신은 자신감으로 나타났어요. 저는 면접에서 온전한 제 모습을 그대로 드러냈어요. 나를 사랑하고 있음을 당당하게 보여 줬습니다.

단점 속에 숨은 보석이 있다

남들이 간혹 '이런 점은 단점'이라면서 고치라고 하는데요. 받아들이지 마세요. 나를 이루는 모든 점은 나만의 특징입니다. 내가 그 특징을 사랑하면 모든 점은 강점이 됩니다. 단점은 없습니다. 단점은 객관적 사실이 아닙니다. 하나의 특징은 상황에 따라 다르게 받아들여져요. 이를테면 매일 루틴을 지키는 삶을 두고 누군가는 부지런하다며 장점이라고 하지만, 누군가는 융통성이 없고 새로운 것에 도전하지 않아 고지식하다면서 단점이라고 합니다.

만약 스스로 단점이라고 여기는 게 있다면, 그만큼 두드러진 무언가가 있어서 나에게 발견된 거예요. 다시 보세요. 놀랍도록 특별한 나만의 보석을 발견할 것입니다. 한번 발견하기 시작하면 모든 것이 강점이고, 모든 흔적은 특별한 경험이라는 것을 깨닫습니다. 그러면 스스로 외칠 거예요. "나는 강점으로 가득하다!"

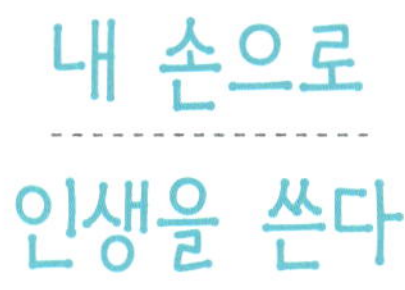

내 손으로
인생을 쓴다

"나는 내가 만난 사람의 총합이다." 은유 작가는 말했습니다. 이 말은 내가 보고, 듣고, 만난 모든 이들이 나를 이룬다는 뜻이지요. 나의 이상에 가까워지는 방법은 닮고 싶은 사람 곁으로 가까이 다가가는 것입니다. 그렇게 나는 더 멋진 사람이 될 수 있습니다.

내가 반한 것에 집중하기

내가 보고 듣는 것에 따라 내 삶이 바뀐다면, 무엇을 보고 듣고 싶나요? 나는 무엇을 보는 게 행복한가요? 무엇에 반하나요? 저는 고개를 돌릴 때 왠지 모르게 우아함이 느껴지는 사람의 옆모습, 천천히 말하지만 단호한 어조로 기세가 느껴지는 사람의 말투, 곧게 펴진 뒤태에서 풍기는 당찬 자세, 다른 사람을 배려하면서 따뜻하게 감싸는 말들에 반했어요. 보자마자 반하게 하는 것들에 저는 자꾸 이끌려요.

이런 점과 반대되는 것에는 눈살을 찌푸려요. 경망스러운 행동, 밥을 급하게 먹다가 음식을 흘리거나 코를 푸는 행동, 욕설을 섞으면서 거칠게 말하는 사람, 어려운 용어나 전문용어로 이야기하면서 누군가를 소외시키는 사람, 짓궂은 농담으로 누군가를 비난하면서 분위기를 띄우는 사람. 그들을 보기도 싫고, 한자리에 있는 것도 싫어요. 저는 이런 사람과는 거리를 두고, 그 거리로 저의 감정과 태도, 미래를 지킵니다.

꿈을 그린 자만이 꿈에 닮아 간다

내가 바라는 모습을 가진 사람에게 마음이 이끌립니다. 내가 채우고 싶은 부분이기 때문이에요. 그들과 가까이 있는 것만으로 보고 배우고 성장합니다. 저는 회사에서 일을 잘하는 직원이었어요. 입사 초기부터 일을 잘 해내고 싶은 열망이 강했어요. 제가 동경한 사람은 일 잘하는 선배였습니다. 일에 몰두하고, 맡은 역할 이상을 해내고, 실력으로 승부를 보는 선배가 멋있었어요. 그런 선배를 따라다녔습니다.

저는 닮고 싶은 사람과 친하게 지냅니다. 다정하게 말하는 사람, 미처 생각지 못한 혜안을 주는 사람, 무거운 분위기를 밝게 만드는 사람, 함께 있으면 웃음을 터뜨리게 하는 사람, 어둠 속에서도 빛을 발견하는 사람. 그들과 가까이 지내면서 점점 그들과 비슷한 사람으로 되어 가고 있어요. 나는 어떤 모습에 자꾸 마음이 가고, 몸이 가고, 시선이 가나요?

어떤 사람이 되고 싶은가

다시 묻겠습니다. 나는 어떤 사람이 되고 싶나요? 어른으로 성장하는 건 정해진 미래입니다. 그 미래를 바꿀 수는 없지만, 내 손으로 쓸 수는 있습니다. 인생을 사는 건 똑같은 도화지에 저마다 다른 그림을 그리는 것과 같습니다. 인생은 내 손으로 쓰는 것입니다. 주어진 환경에서 정해진 길이란 없습니다. 내가 하고 싶은 대로, 내가 바라보는 대로 가는 게 인생입니다.

스노보드를 타 봤나요? 왼쪽을 보면 몸이 왼쪽으로 가고,

오른쪽을 보면 몸이 오른쪽으로 방향을 틉니다. 인생도 마찬가지예요. 어떤 방향으로 흘러갈 것인가, 어떤 삶의 모양을 그릴 것인가. 각자 정하는 것입니다. 태어난 지역, 부모님, 나를 구성하는 모든 것들은 아무 상관 없습니다. 지금부터 내가 보는 대로 내 인생을 끌고 가세요.

다정한 세상을 만들기

저는 다정한 세상을 만들기 위해 사업합니다. 강연하고, 책을 쓰고, 방송하는 등 모든 일련의 활동은 다정한 세상을 만들기 위함입니다. 다정한 세상이라면 누구나 자기 생각을 털어놓고, 고민이 있어도 위로를 받는 게 자연스럽고, 엉뚱한 생각도 진지하게 토론할 수 있을 거라고 여겨요. 그런 세상이 지금보다 더 행복할 거라고 믿습니다.

다정한 세상을 위해 저는 하루하루를 보냅니다. 돌아보면 인생이 어떻게 이렇게나 변했나, 놀랍니다. 까칠했던 내가 언제 이렇게 다정해졌나, 말주변이 없던 내가 언제 이렇게 많은 사람과 소통하게 되었나, 벌써 다섯 번째 책이라니. 놀라다가도 깨닫는 건, 줄곧 이 길을 먼저 간 사람을 제가 바라보고 있었다는 사실입니다. 이건 오래전부터 제가 원한 삶이었어요.

내가 바라는 대로 인생을 쓴다

남은 인생도 비슷할 것입니다. 어디로 흘러갈지 모르지만, 내가 바라는 대로 흘러갈 거예요. 저는 새해를 맞아 매년 인생의 방향을 설정합니다. '어떻게 살고 싶은가. 지난해에는 어떤 삶을 살아왔는가. 무엇이 나를 기쁘고 만족스럽게 했는가. 무엇을 더 채우고 싶고, 겪고 싶은가.' 이 질문들을 진지하게 사유합니다. 내 삶을 풍요롭게 하는 방법은 내가 무엇을 볼지 정하는 것입니다.

여러분에게 묻고 싶어요. 나는 어떤 인생을 쓰고 싶나요? 내게 주어진 모든 것을 떨쳐 놓고, 0에서부터 시작할 수 있다면 무엇을 하고 싶나요? 눈을 감고 그림을 그려 보세요. 어떤 삶이든 살 수 있다고 상상하세요. 3초를 세고 눈을 떴을 때 그 세상에서 내가 살 수 있다면, 어떤 인생의 주인이고 싶은가요? 그 미래를 가질 수 있습니다. 선명하게 그림을 그려 보세요.

마음챙김 대화

2026년 03월 26일 초판 01쇄 인쇄
2026년 04월 09일 초판 01쇄 발행

지은이 정홍수(홍버튼)

발행인 이규상
편집장 김은영 책임편집 오희라 책임마케팅 오은서
콘텐츠사업팀 강정민 정윤정 오희라 윤선애 오은서
디자인팀 최희민 두형주
채널 및 제작 관리 이순복 회계 김하나

펴낸곳 (주)백도씨
출판등록 제2012-000170호(2007년 6월 22일)
주소 03044 서울시 종로구 효자로7길 23, 3층(통의동 7-33)
전화 02 3443 0311(편집) 02 3012 0117(마케팅) 팩스 02 3012 3010
이메일 editor@100doci.com(투고·편집 문의) valva@100doci.com(유통·사업 제휴)
블로그 blog.naver.com/100doci_   인스타그램 @blackfish_book X @BlackfishBook

ISBN 978-89-6833-537-2 43190
ⓒ 정홍수(홍버튼), 2026, Printed in Korea